Q&Aで早わかり！

定年前にやらないと損する定年後のお金得ガイド

社会保険労務士
蓑田真吾

アニモ出版

はじめに

「制度や法律はわかりづらい」。筆者が社会保険労務士として企業の経営者や人事担当の方とお話をする際に最も聞くフレーズです。恥ずかしながら筆者も、かつて人事労務の仕事に就いていたものの、本当に合っているのか裏づけが取れない状態で仕事をしていました。そんな状態ではミスも生まれ、結果的に社員に損失が生まれたこともありました。社会保険労務士でもなく、人事労務の仕事もしていない方には、理解不能な制度であってもやむを得ないと考えます。

定年退職とは直接的に関連する話ではありませんが、わが国の出生数は年々低下傾向にあり、令和４（2022）年には、ついに統計開始後初めて80万人を下回りました。これは、社会保険制度を支える「現役世代」が不足することを意味し、副次的にさらなる法改正も予想されます。冒頭の「制度や法律はわかりづらい」の背景として、筆者が考える原因は次の３点に集約されます。

①縦割り行政ゆえにどこに何を聞けばよいのかわかりづらい
②法律の改正が多すぎてついていけない
③制度は理解できても感情的なハードルがクリアできない

①については、たとえば年金のことは年金事務所、失業保険（正式には「基本手当」、以下「失業保険」）のことは、ハローワークなど、対面相談を希望するにも物理的に建物が同じでないことが多く、相談と手続きだけで丸１日かかったという声も少なくありません。

しかし、時間は有限です。本書では実際に筆者が受けた（定年退職前後に限定した）相談内容を収録し、Ｑ＆Ａ方式で執筆しましたので、予備知識をつけて時間を有効活用していただけると幸いです。

②については、筆者自身、社会保険労務士として日々、法改正にはアンテナを張り、かつ、アップデートすることがもはや仕事ですが、そうではない方々にとっては（情報化社会とはいえ）、自身に合致する法改正情報までキャッチアップすることは難しいと言わざ

るを得ません。ある程度の規模以上の会社となれば、ライフプランセミナーや法律改正研修会等が開催されることもありますが、わが国の99％を占める中小企業では、人員的にもそこまで労力を割ける企業は少ない印象です。本書では執筆時点での法律に準拠して執筆しましたが、法的に正確な表現を用いることよりも「わかりやすさ」に重きを置きましたので、厳密には正確な表現でないもの（たとえば前述の「失業保険」）が含まれていることをご容赦ください。

③については、これは筆者も会社員時代に越えることができなかった壁ですが、制度の理解はできているものの、必要以上に周囲の目を気にしてしまい、制度を活用できなかったという過去があります（筆者の場合は育児休業の取得）。「気配り」は日本人の良き文化ではあるものの、過度な気配りは自身の首を絞めることや周囲も巻き添えにしてしまうこともあります。そこで、本書では社会保険制度だけでなく、労務分野にも注視し、気持ちよく定年退職を迎え、次なる生活を送ることができるポイントも執筆しています。

本書が想定する主な読者はこれから定年退職を迎える方ですが、そのような方に限定せず、「定年退職を迎える方に対応する人事労務担当者」においても、「どのような質問がくるのか」を知っておくことで、「転ばぬ先の杖」として、心の準備や何を確認しておくべきかのチェックリスト的な活用もできると考えます。

筆者が日々受ける労務や社会保険に関する相談も、年々難易度が上がっています。ただし、これは法改正が関連しているために難易度が上がっているという側面もあり、基本となる部分は同じです。本書を通じて、定年退職を迎える方の次なる生活への円滑な橋渡しの一助になることを願っています。

2023年６月　　　　　　　　　　社会保険労務士　蓑田 真吾

本書の内容は、2023年６月20日現在の法令等にもとづいています。

もくじ

（もくじのQの中には、本文のQを短縮しているものがあります）

2章 定年退職前に会社との手続きでやっておくべきこと

5章 定年後に利用したい私的年金は結局何がよいの？

カバーデザイン◎水野敬一　　本文ＤＴＰ◎伊藤加寿美（一企画）

公的年金をかしこくもらうために定年退職前にやっておくべきこと

主に老齢厚生年金や
障害年金について
見ていきます。

1-1　老齢年金で損をしない選択

定年退職するか再雇用に応じるか迷っています。老後の年金面では、どちらを選択するほうが損をしないですか？

A　厚生年金の資格喪失をすることと、在職老齢年金の２つから検討しましょう。

老齢年金は、一定以上の保険料納付実績（平成29（2017）年８月１日以降は旧来の25年から10年へ短縮）があれば、受給開始年齢（原則として65歳）到達月の翌月からあなたが死亡する月まで受給できます。

「原則として65歳」と記したように、生年月日に応じて65歳よりも前に支給される老齢年金もあります。これは、２階建て年金制度といわれる日本の年金制度の「２階部分」にあたる厚生年金（会社員等が加入）から支給される「**特別支給の老齢厚生年金**」といわれる年金です（次ページの図を参照）。

年金事務所で相談する際には、略して「特老厚（とくろうこう）」と呼ばれることがありますが、この年金の受給資格を得るには、老後の年金の受給資格（最低10年は保険料を納付（免除期間等の合算も可能）する）を得ており、かつ１年以上、厚生年金に加入していることで足りるので、たとえば10年以上、会社員として勤務し、厚生年金に加入していた場合は、理論上、受給資格がないということはあり得ません。

次ページ図にあるとおり、生年月日に応じて「受給開始年齢」は異なっていますが、平成12（2000）年の法改正によって、年金受給開始年齢が60歳から65歳に引き上げられたものの、一斉

◎「特別支給の老齢厚生年金」の受給開始時期◎

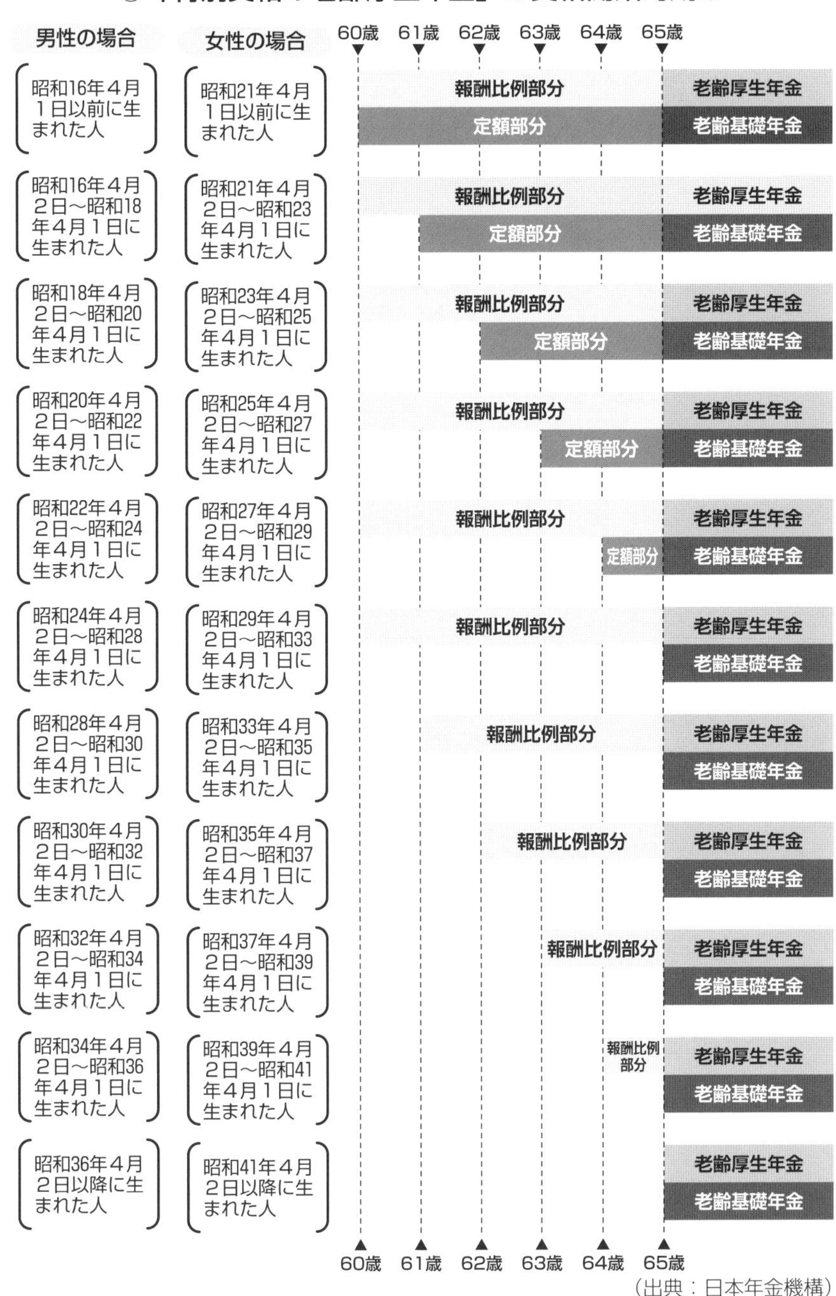

（出典：日本年金機構）

に65歳受給開始としてしまうと、すでに60歳受給開始を前提とした生活設計を立てていた受給者に甚大な不利益が生じることが容易に想像できました。

そこで、男性については平成25（2013）年度から令和７（2025）年度にかけて引き上げを行ない、女性の場合は言葉を選ばずに申し上げると、当時の雇用情勢等を考慮し、支給開始年齢は男性より５歳低く設定され、男性より５年遅れで、平成30（2018）年度から令和12（2030）年度にかけて段階的に施行されています。

さてご質問についてですが、まず、定年退職か再雇用かを決めるにあたっては、２つの論点があります。

１つは、**厚生年金の資格喪失問題**です。仮に再雇用であっても、締結する契約内容によっては厚生年金の資格を喪失することもあり得ます。理屈としては、高い報酬で長く加入することで年金は増やすことができます。

２つめは「**在職老齢年金**」制度といって、一定以上の報酬を得ている場合、年金額が支給停止される厚生年金保険法上の制度があることです。具体的には、

①老齢厚生年金（月額換算）
②標準報酬月額
③標準賞与額

の３点を合わせて月に47万円（令和４（2022）年４月〜）を超えてしまうと、**「超えた部分の半分の年金」が支給停止**されてしまいます。

そこで、一定以上の職位に就いていた人が「再雇用契約」を

締結する場合、在職老齢年金の支給停止とならない程度の報酬として契約するという考え方があります（概算であれば年金事務所でも算出可能）。また、定年退職や再雇用であっても、労働時間が短い非常勤職員（あるいはアルバイトや業務委託契約）となれば、厚生年金への加入対象外なので、在職老齢年金制度によって年金が支給停止されることはありません。

なお、「支給停止」された分が将来的に戻ってくるということはありませんので、誤解を避ける意味で、正確には「カット」されるということになります。

1-2 厚生年金の「44年特例」とは

新卒採用から定年まで同じ会社にいれば年金の増額があるようですが、会社を辞めなければならないと言われました。そんなことがあるのでしょうか？

A 「44年特例」の適用を受けるには、厚生年金の資格を喪失する必要があります。

「厚生年金」に「44年以上」加入している場合、（65歳よりも前に支給される）特別支給の老齢厚生年金をもらう際に、「報酬比例部分」だけでなく、「定額部分」（受給額は次ページ図を参照）ももらえる特例があります。イメージとしては、高卒で社会に出て定年を迎えたというケースであれば対象になり得ます。

しかし、この「44年特例」の適用を受けるためには、**厚生年金の資格を喪失**する必要があります。

この資格喪失は、何も「退職」に限定されるわけではありません。たとえば、定年再雇用時に締結する労働時間を短くすることで、厚生年金の資格を喪失させることも可能だからです。あるいは、44年特例の要件を満たした後に、労働時間を見直すという考え方もあります。

また、「44年特例」のメリットは、定額部分の加算だけではなく、生計の維持関係にある65歳未満の配偶者、あるいは18歳年度末に達する前の子（障害状態にある場合は20歳未満）がいる場合には、**加給年金の加算もつく**こととなります。

特別支給の老齢厚生年金と失業保険は両方同時にもらうことはできず、どちらをもらうかを選ばなければなりません。一般

◎特別支給の老齢厚生年金の「定額部分」の計算式◎

（令和５年４月分から）

昭和31年４月２日以後生まれの人

1,657円×生年月日に応じた率（※1）

×被保険者期間の月数（※2）

昭和31年４月１日以前生まれの人

1,652円×生年月日に応じた率（※1）

×被保険者期間の月数（※2）

（※１）生年月日に応じた率（定額単価）については日本年金機構ホームページの「年金額の計算に用いる数値」を参照してください。

（※２）昭和９年４月２日から昭和19年４月１日生まれは444月、昭和19年４月２日から昭和20年４月１日生まれは456月、昭和20年４月２日から昭和21年４月２日以後生まれは480月を上限とします。

的には、失業保険のほうが金額は高い場合が多いものの、44年特例に該当する場合は、それが逆転して年金のほうが金額的に高くなることが多いです。

44年特例の概算額は、年金事務所で出してもらうことができますし、失業保険は最低でも直近６か月の給与（賞与は含めない）がわかればハローワークでも概算額を出してもらうことはできます。

ただし最大の注意点は、厚生年金への加入月数が１か月でも不足すると44年特例の対象にはなりません。したがって、仮に再雇用契約を結ぶ場合には、「いつ44年に達するのか」を見越したうえで判断すべきです。

また、「44年特例」の対象になるには、民間企業なら民間企業のみで44年を満たさなければなりません。たとえば、民間企業と公務員では一元化されたことによって、「共済年金」がなくなり「厚生年金」とはなったものの、厚生年金のなかの種別が異なるため、合算して考えることはできません。

1-3 厚生年金の「障害者特例」とは

Q「44年特例」とは別に、プラスでもらえる厚生年金の特例が他にありますか？

A「障害者特例」があります。

老齢年金と障害年金には、決定的な２つの相違点があります。

１つは、障害年金は漏れなく保険料を納めていたとしても、必ず支給決定されるとは限りません。また、障害年金は一生涯支給され続けるとは限らない点も相違点です。

そして、前項の「44年特例」とは別の制度として、特別支給の老齢厚生年金をもらっている人が44年特例と同様に「定額部分」ももらえる制度として、「障害者特例」があります。

この制度のポイントは、次の３点の要件を満たしていることです。

> ①特別支給の老齢厚生年金の受給権をもっていること
> ②障害等級３級以上の障害状態にあること
> ③厚生年金の資格喪失をしていること

44年特例との相違点は②です。これは、医師の診断書にもとづいて判断されるので、一定の費用はかかります。ただし、すでに障害年金を受給中であれば、診断書の添付は必要ありません（障害年金が支給停止中の場合は診断書の提出が必要）。

また、上記③については44年特例と同様に、「退職」に固執する必要はありません。労働時間を短くすることによっても、厚生年金の資格喪失は可能です。
そして、本人が20年以上、厚生年金に加入していた場合で、生計維持関係にある65歳未満の配偶者、あるいは18歳年度末に達する前の子（障害状態にある場合は20歳未満）がいる場合は、加給年金の対象となります。
障害者特例に該当した場合の概算額は、44年特例と同様に年金事務所で出してもらうことができます。
なお、年金事務所での年金相談は予約制となっており、時期によっては1週間以上先でなければ予約が取れないこともあるので、前もって予約をしておくのがよいでしょう。

再雇用等によって労働時間を短くする、あるいはそのまま退職したことによる労働収入の減額幅と、障害者特例による受給額を比較検討したうえで、請求するのが適切です。
障害者特例は、原則として「請求月」の翌月からもらえるので、請求が遅くなると受け取れない分の年金が発生することになります（一部、請求があったとみなされるケースもあります）。
また、障害者特例は、年金の区分としては「老齢年金」扱いなので、課税対象となります。もし、非課税である障害年金をもらえる可能性がある場合は、どちらかを選ぶ必要があります。

1-4 年金の繰り下げ受給

年金は、75歳まで繰り下げて受給できるようになったようですが、何歳からもらい始めれば損をしないのでしょうか？

A 以下の3つのことを基準にして判断しましょう。

「老後の年金は、いつからもらい始めれば損をしないのか？」ということの論点については、まずは「具体的な期待」と「抽象的な期待」の２つに分けて考えることをお勧めします。そして、そのなかでも判断の基準となるものは次の３つに分かれます。

①加給年金【具体的な期待】
②在職老齢年金【具体的な期待】
③平均余命と健康寿命【抽象的な期待】

①加給年金

厚生年金に20年以上加入し、65歳になるときに生計維持関係にある65歳未満の配偶者、または18歳年度末を迎える前の子（障害状態にある場合は20歳未満）がいる場合、老齢厚生年金に「**加給年金**」という、年金版の扶養手当が加算されます。

ただし、繰り下げている間は、この加給年金はもらえません。繰り下げによる増額率のみで加給年金を上回ろうとすると、相当な期間、繰り下げる必要がでてきます。

②在職老齢年金

これは、厚生年金保険に加入しながら一定以上の報酬をもらっている人の年金の全部または一部をカットする制度です。

では、どうせカットされるのであれば、その間は繰り下げていればよいのでは、という声もありますが、仮に通常どおり年金をもらっていた場合に、この制度によって年金が全額カットとなっていた場合は、繰り下げたからといってまったく増額しません。

③平均余命と健康寿命

平均余命とはその名のとおり、日本人の平均的な余命です。

また、健康寿命とは、健康上の問題を気にすることなく、日常生活を送れる期間です。言い換えると「楽しくお金をつかえる期間」ということです。

言葉を選ばずに申し上げると、年金受給を75歳まで繰り下げとしたものの、健康寿命が残りわずかという状況はあまりよい選択とはいえません。

1-5 年金の繰り上げ受給

住宅ローンを早く返済したいので、再雇用後は65歳よりも前に年金を繰り上げ受給しようと思いますが、何かデメリットはありますか？

A 一生涯続く減額率が最も大きなデメリットですが、その他にもデメリットがあります。

年金を繰り上げ受給することで、65歳よりも前にまとまったお金が入ってきますが、老齢年金、障害年金、遺族年金のそれぞれに対してデメリットがあります。

まず、「老齢年金」から派生するデメリットは、**一生涯、減額率が適用**されることです。また、老齢基礎年金額を増やすことができる任意加入制度の利用もできなくなること、請求後の撤回ができないこともデメリットです。

次に、「障害年金」から派生するデメリットは、老齢年金の繰り上げ請求をすると、障害年金の**「事後重症請求」ができなくなる**ことです。

事後重症請求とは、初診日から１年６か月を経過した障害認定日においては障害等級に該当しなかったとしても、その後、65歳の誕生日の２日前までに障害が悪化したことによって、障害等級に該当することとなれば、障害年金の請求ができるということです。

ただし、繰り上げ請求をすると、実年齢は65歳前になっていなくても年金の世界では「65歳」とみなされるため、事後重症請求ができなくなるというデメリットがあります（認定日請求は認められる場合があります）。

最後に、「遺族年金」から派生するデメリットは、直接的に遺族年金に影響があるわけではありませんが、仮に厚生年金からの「遺族厚生年金」をもらえるようになっても、65歳までは「１人１年金の原則」という制度があります。

たとえば、遺族厚生年金と繰り上げ請求した老齢厚生年金の両方をもらえる状態になっても、両方もらえないだけでなく、仮に遺族厚生年金を選んだとしても、繰り上げたことよって適用される減額率が取り消されるわけではありません。

ただし65歳以降は、老齢厚生年金と遺族厚生年金の差額をもらうことはできるので、一応は両方もらえるようにはなります。

よって、これらのデメリットを踏まえたうえで、繰り上げ受給するかどうかの決断が望まれます。

1-6 年金の受給時期を判断する基準

一般的に、年金の繰り上げ受給、繰り下げ受給、普通にもらう、のいずれかを選択する場合、何を基準に判断しているのですか？

A 労働収入と生活レベルの２つを基準にして判断します。

定年後も再雇用として働く、あるいは転職や起業（フリーランスを含む）によって、定期的な労働収入がある場合は、年金に頼る必要性も乏しく、年金受給は繰り下げておくという考えもあります。

ただし、**在職老齢年金（いわゆる年金カット）の対象となるのは厚生年金の報酬比例部分**であり、報酬額によって全額カットされている場合、まったく年金は増えないのではなないかと誤解している人も散見されます。

しかし、国民年金からもらえる老齢基礎年金はそもそも在職老齢年金の対象にはならないので、年金受給を繰り下げたことによる増額率の適用対象です（繰り下げは厚生年金と国民年金の両方あるいはいずれか一方という選択も可能）。

次に、どのくらいの生活レベルを求めるのかという点も重要な論点です。

コロナ禍前の平成30（2018）年の総務省家計調査報告によると、一般家庭の１か月あたりの夫婦２人の老後の生活費はおおむね26万5,000円と算出されています。

仮に、妻または夫が専業主婦または専業主夫（共働きが増えてきたため適切な例とはいえませんが）とし、20歳から60歳の40年間でまったく保険料の納付漏れがなかったとします。

そうなると、国民年金からもらえる老齢基礎年金のみで、月額は約６万5,000円（年度によって変動あり）です（１か月でも厚生年金への加入があれば、65歳からは老齢厚生年金ももらえます）。

そこで、夫または妻が労働収入によって月額20万円程度の稼ぎがある場合は、妻または夫の老齢基礎年金と合算すると月額収入が約26万円となることから、一般家庭の１か月あたりの老後の生活費とほぼ一致します。

ただし、65歳を過ぎるとなれば病気への罹患率も高くなり、まとまったお金が必要となることも予想されます。

そこで、65歳を待たずに年金受給を繰り上げ請求するという選択肢もなくはありませんが、減額率が一生涯にわたって適用される面も無視できず、高額療養費制度も視野に入れて判断することが望まれます。

1-7　障害年金のかしこい手続き

Q　病気がちのため障害年金のことを調べていますが、障害年金はどのように請求すれば損をしないですか？

とにかく「在職中」に受診をしておきましょう。

現在調べている「障害年金」は大きく分けて「２種類」に区別されます。

１つめは、２階建て年金制度といわれる日本の年金制度の「１階部分」にあたる国民年金（自営業者等が加入）からもらえる「**障害基礎年金**」です。

２つめは、「２階部分」にあたる厚生年金（会社員等が加入）からもらえる「**障害厚生年金**」です。

あなたが着目されているのは、「障害年金はどのように請求すれば損をしないか？」という点ですが、上記の２つの制度には相違点があり、「障害厚生年金」のほうが認められる「障害等級」の幅が広いのです。つまり、障害基礎年金の対象となるのは障害等級「１級から２級」のみですが、障害厚生年金は障害等級「１級から３級」までが支給対象です。

次ページに障害年金のしくみに関する図を掲載しておきました。「加給年金額」の計算や「子の加算額」は複雑に感じるかもしれませんが、参考にしてください。

では、何を基準にして障害年金の種類が決まるのかというと、「初診日」にどの年金制度に加入していたか（これを「**初診日**

◎障害年金のしくみ◎

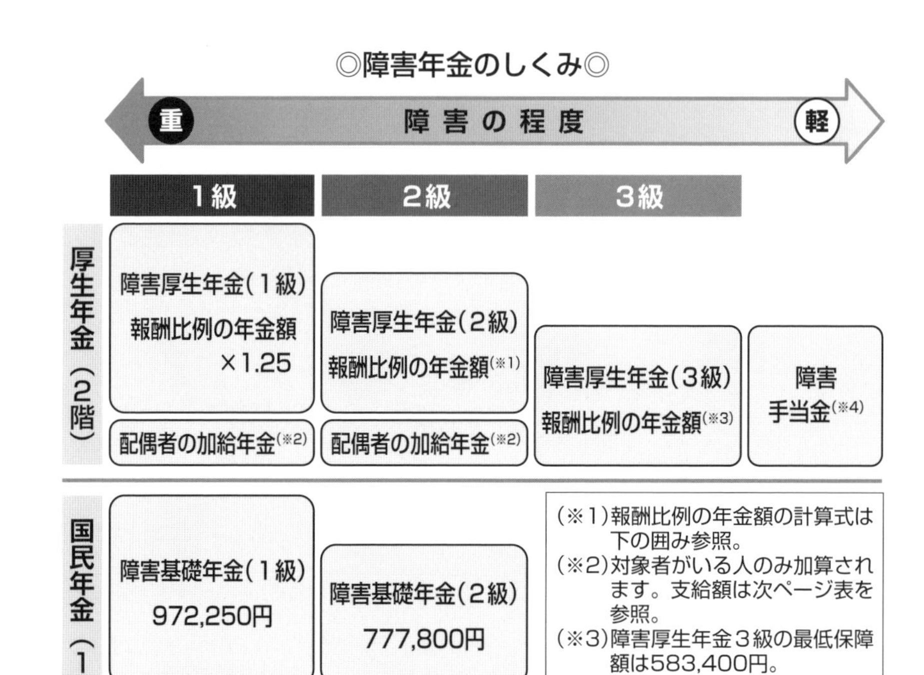

図は、イメージのため実際の支給額と異なる場合があります。

【報酬比例の年金額＝A＋B】

A：平成15年３月以前の加入期間の金額

$$\text{平均標準報酬月額} \times \frac{7.125}{1,000} \times \text{平成15年3月までの加入期間の月数}$$

B：平成15年４月以降の加入期間の金額

$$\text{平均標準報酬額} \times \frac{5.481}{1,000} \times \text{平成15年4月以降の加入期間の月数}$$

（出典：日本年金機構）

要件」といいます）によって、どの種類になるのかが決まります。

この「初診日」とは、「障害の原因」となった傷病について、「初めて医師または歯科医師の診察」を受けた日のことです。

◎障害年金の加給年金額と子の加算額◎

	名称	金額	加算される年金	年齢制限
配偶者	加給年金額	228,700円	障害厚生年金	65歳未満であること（大正15年４月１日以前に生まれた配偶者には年齢制限はありません）
子２人まで	加算額	１人につき 228,700円	障害基礎年金	●18歳になった後の最初の３月31日までの子 ●20歳未満で障害等級１級・２級の障害の状態にある子
子３人目から		１人につき 76,200円		

ここで注意点が２つあります。

１点めは、請求しようと考えている障害年金の傷病とはまったく因果関係のない受診（たとえば、心臓ペースメーカーを入れたことによる障害年金の請求であるのに対して、転倒によって膝を負傷したことによる整形外科での受診）は、さすがに認められません（もちろん、医師が認めた場合はその限りではありません）。

２点めは、「健康診断」を受けた日は、初診日とは扱われません。なぜなら、健康診断は必ずしも「受診」ではないからです。ただし、例外的に「ただちに治療が必要」と認められる健診結果である場合については、「申し立て」をすることによって、初診日と認められる可能性はあります。

したがって、在職中に気になっている疾患がある場合は、**健康診断ではなく「受診」をしておくこと**で、障害等級が広く認められる障害厚生年金として請求できる可能性を残しつつ、病気の早期発見も可能になるといえます。

そして、「厚生年金加入中」であれば、同時に国民年金にも加入していることとなります。これは、厚生年金の加入者は「国民年金第２号被保険者」という扱いになるためです。

すなわち、仮に障害等級が１級または２級と認められた場合は、障害厚生年金と障害基礎年金をもらえるということです（障害等級が３級の場合は障害厚生年金のみ）。

たとえば、60歳で定年となり、その後も再雇用社員として（多少労働時間を短くすることはあっても）会社に残ることを希望し、かつ、厚生年金の被保険者資格も継続する場合は、ただちに受診すべきとまではいえませんが、労働時間が短くなると（中小企業の場合、執筆時点では労働時間がおおむね週30時間を下回ると加入者資格を喪失する）、厚生年金の被保険者資格を喪失する必要があるため、注意が必要です。

1-8 障害年金で損をしない手続き

定年後は田舎にUターンする予定です。年金面、特に障害年金を受給する際に何かやっておいたほうがよいことはありますか？

A 「障害年金」の分野では、初診日の証明、診断書の作成依頼が考えられます。

障害年金に限らず、「年金相談」は全国にある年金事務所のどこを訪れても同じサービスを受けられます。したがって、業務の引き継ぎ等で多忙となることが多い定年前に（ある程度、有給休暇の残日数はあるでしょうが）、最寄りの年金事務所で何もかも詰め込んで相談しようと考える必要性は乏しいです。

年金全般について、定年前にやっておいたほうがよいことは次の３点です。

> ①かかりつけ医への受診の証明
> ②雇用保険被保険者証の受領
> ③（紛失している場合は）給与明細書の発行依頼

②と③については他のＱ＆Ａで詳述しますので、ここでは障害年金では必須の①（かかりつけ医への受診の証明）について解説しましょう。

障害年金は、「初診日」にどの年金制度に属していたかによって、受給できる年金種類（障害厚生年金or障害基礎年金）を確定させる必要があります。

これは主観ではなく、客観的に証明する必要があり、今後、障害年金を申請する可能性がある場合は、田舎にUターンする前にかかりつけ医に相談しておくべきです。

もちろん、診断書の作成自体は郵送でも受け付けてくれる医療機関はありますが、「現在の状況」を伝える際にあたっては、郵送（プラス電話）よりも、対面で伝えたほうがより伝わりやすいといえます。

もちろん、偽って現状を過大に伝えることは不正となりますが、適切に伝わらずに不支給決定されることは誰もが避けたいはずです。

また、診断書は医師が通常業務の合間をぬって作成するため、記入が必須となる部分へ記載されていない場合があります（具体的には、初診年月日と診断書の作成年月日の未記載が多い）。

これらについて、明らかに自身で補記や訂正ができると考えられる場合であっても、作成した医師以外の者が補記や訂正をしてはなりません。これは、郵送でのやりとりとなれば、より時間がかかるため、あらかじめこの点を考慮しておくべきです。

なお、事後重症請求の場合は、仮に支給決定されたとしても、認定日請求とは異なり、請求月の翌月からの分しか障害年金は支給されません。したがって、無理強いはできませんが、かかりつけ医には可能な限り早く対応してもらえるよう、早めに依頼をかけておくことが重要です。

1-9 障害年金を請求する際の注意点

かかりつけのクリニックの先生が高齢のため閉院するようです。障害年金の請求をするためには、何をもらっておくべきですか？

A 初診日の証明と診断書の取得が必須です。

障害年金は、初診日に加入していた制度に対して年金の請求を行ないます。よって、まずは請求する障害年金の「制度の確定」をする必要があります。

たとえば、初診日に（会社員として）厚生年金に加入していた場合は、障害厚生年金となります（障害等級が１級または２級と認められた場合は、障害基礎年金の対象にもなります）。

しかし、かかりつけのクリニックが閉院するとなれば（障害年金を請求する可能性がある場合はなおさら）、初診日の証明を取得しておくべきです。

具体的には、これは診断書とは別の「受診状況等証明書」というもので、特に初診時の医療機関と診断書を作成した医療機関が異なる場合には、「初診日」の確認のために提出が必要となる書類です。

診断書は、障害認定日（原則として初診日から１年６か月経過時）より３か月以内のもので、障害認定日と年金請求日が１年以上離れている場合は直近の診断書（年金請求日から３か月以内）も併せて必要となります。

カルテは法令上、５年の保存が義務づけられていますが、電子カルテが普及している背景もあり、５年を過ぎても保管している医療機関もあります。しかし、閉院となると話は別です。

障害年金の請求にあたって、年金請求書、戸籍謄本等、受取先金融機関の通帳の写（本人名義）は、自身で用意することは可能でしょうが、逆に、診断書と受診状況等証明書は例外なく自身では用意できません。

万が一、障害年金請求書に受診状況等証明書を添付できない場合は、「受診状況等証明書が添付できない申立書」、「初診日に関する第三者証明書」、申し立てた初診日に関する「客観的な参考資料」（たとえば、領収書や医療情報サマリー）、「初診日頃に受診した医療機関の医療従事者による第三者証明」が必要になってきます。いうまでもなく、通常の請求より何倍もの労力を要します。

もっとも、もしこれらの証明も困難となった場合であっても、諦めずに年金事務所に相談することで、他の選択肢を示してもらえることがあります。

ご質問のようなケースの注意点としては、診断書はあまりにも早く取りすぎてしまうと、取り直しとなってしまうリスク（一般的に診断書は有料）もあるため、閉院となる時期と取得すべき時期を勘案したうえで医療機関に依頼をかけることが適切です。

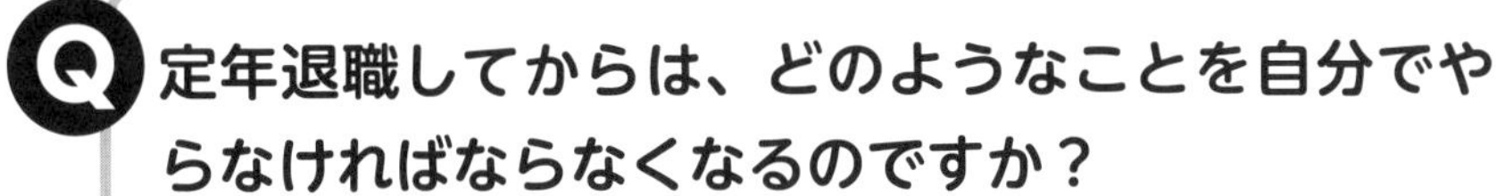

1-10 退職後の社会保険に関する手続き

定年退職してからは、どのようなことを自分でやらなければならなくなるのですか？

A 雇用保険や社会保険関連の手続きは、自身で行なわなければならなくなります。

まずは「**雇用保険**」についてです。

多くの場合、雇用保険は在職中よりも離職後に活用されることが多い保険給付です。雇用保険制度のなかには、再就職手当や育児休業給付金等、会社に籍がある状態でも活用可能な給付制度は複数ありますが、一般的には退職後に受給する**失業保険**（正確には、失業給付の基本手当）のほうが対象となるケースは多いのではないかと考えます。

失業保険を受給するためには、会社から「**離職票**」を発行してもらう必要があり、ここまでは会社の義務です。ただし、離職票を受領し、実際に失業保険受給の手続きをするのは本人自身となります。

また、離職票の賃金欄に記載されている賃金の額等に間違いないかもチェックすべきです。

たとえば、遡及して給与が支払われた場合（たとえば、6月に手当額の変更があり、遡って4月・5月分も支給された場合）には、それぞれの月に按分して記載しなければならないのですが、その当時の給与明細の額とは異なるため、それが抜け落ちている離職票も散見されます。

さらに、通勤手当が6か月や3か月などまとめて支払われている場合も、月額に換算してそれぞれの月ごとに記載しなければなりません。これも要チェックです。

次に、「社会保険」についてです。

定年退職後の社会保険、特に「**健康保険**」については、次の３通りのなかから選択して加入しなければなりません。

①任意継続被保険者
②国民健康保険
③家族の扶養に入る

①の「任意継続被保険者」とは、職場で加入していた健康保険に退職後も継続して加入することです。

任意継続被保険者になるためには、退職日までに継続して２か月以上、健康保険に加入していることが必要で、退職日の翌日から20日以内に「任意継続被保険者資格取得申出書」を提出する必要があります（職場が「健康保険組合」に加入していた場合は「特例退職被保険者」という選択肢もあります）。

②の「国民健康保険」はいわゆる「国保」のことです。

市区町村の窓口（都内であれば区役所等）にて手続きが可能ですが、加入日の確認があるため、必要書類（離職票や資格喪失日の確認ができるもの）が市区町村によって異なるため、事前に確認しておくことが必須です。

③の「家族（たとえば子ども）の扶養に入る」というのは、子どもなどが加入している健康保険の「**被扶養者**」になるということです。

この場合も、事前にどのような書類が必要となるか確認しておくべきです（特に、健保組合や共済組合の場合は、自身の職場とは異なるルールが定められていることが少なくありません）。

上記のどれを選ぶにせよ、退職前の職場が助力してくれるのは、離職日が確認できる書類の発行までです。したがって、その後の手続きは自身で進める必要があり、もちろん手続きが遅くなることで不都合（たとえば、健康保険証の発行が遅くなる）が生じますので、注意が必要です。

1-11 退職後の競業避止の確認

定年退職後に転職する場合、退職前の説明で必ず確認しておかなければならないことがありますか？

退職後に転職や起業をするなら、「競業避止」について確認しておきましょう。

人生100年時代です。会社には65歳までの雇用が義務づけられており、さらに令和３年の高齢者雇用安定法の改正により70歳までの就業機会の確保が努力義務となりました。長く働く人の割合は確実に増えています。

そこで、定年退職後は同じ会社で再雇用されるのではなく、他社での就労や起業に挑戦するといった考えを持つビジネスパーソンも少なくありません。

その場合、職場の就業規則等に「**競業避止**」の定めがある場合は、念のため確認しておくことが有用です（具体的には、どのあたりまでの制限を想定しているのかを確認しておきます）。

しかし、競業避止に関する前提としては、過去の労働判例上も一般職であれば（憲法で保障する職業選択の自由もあることから）問題になることは多くありません。

競業避止とは、退職前の職場と競争関係にある職場への転職や起業をしてはならないというルールですが、実務上は「抑止力」として掲げているにすぎません。

もちろん、競業避止の制限を設けるために会社から一定の手当を継続して支払われていた場合や、影響度の大きい役員等であれば話は別ですが、たとえば、本人の通常の労務提供を通して培ったノウハウ等は営業秘密とまったく同じとは言い難く、線引きも困難といえます。

ただし、退職前の職場の経営者や労務担当者などが必ずしも過去の労働判例に精通しているとは限らず、また、人づてに誤って伝わったがゆえに必要以上に問題視されることがあります。

そうなると、転職後（入社直後は身動きがとりづらいことが予想されます）や起業後（周囲に法的な相談をできる人や、いきなり顧問弁護士等をつけているケースは稀です）に、前職の会社から問い合わせが入ると、時間的にも精神的にも一定の消耗が予想されます。

そこで、退職時に競業避止について確認しておくことで、会社も本人も双方無用な軋轢を回避することができます。特に、前職場と退職後も付き合いが予想されるのであれば、なおさらこの確認は重要です。

もちろん、競業避止義務に関しては個別の事案ごとに判断すべきであり、退職前に説明を行なう担当者自身が判断できる問題ではありませんが、仮に会社側の回答がなかった場合は、少なくとも「確認を取ったにも関わらず、明確な回答がなかった」という事実は残ります。

1-12 在職中に必要となる手続き

Q 転職する際に、在職中だからこそやってもらえる手続きは、現勤務先にやってもらおうと思いますが、具体的にはどんな手続きがあるのでしょうか？

A 氏名や生年月日の誤りは、必ず変更手続きをしてもらいましょう。

「氏名」や「生年月日」は、雇用保険でも社会保険でも登録されており、もし訂正する必要があれば、在職中ならその会社（会社に顧問社会保険労務士がいる場合は当該社労士）で申請をしてもらえます。

定年退職後に限定したことではありませんが、他社に転職する場合の最大の懸念事項として、**誤った情報で登録されていると別人扱い**となり、保険給付上、不利益が生じることがあります。

特に、雇用保険の給付は年金と異なり、誰もが老後にもらえるというものではなく、然るべきタイミング（たとえば退職）で一定以上の賃金支払い期間がなければ、権利を得られない給付です。別人扱いされたがゆえに、本来もらえる給付がもらえなくなるのは誰もが避けたいはずです。

したがって、在職中に雇用保険被保険者証や社会保険資格取得時の通知書を確認しておき、もし間違いがある場合は在職中に訂正の依頼をしておきましょう。

筆者の実務上でも、年に３件ほどは前の会社で誤った生年月日を登録されていたという事例に遭遇します。

誤りの傾向としては、中途採用ではなく、4月の一斉入社の場合で、前に登録した人の生年月日がそのまま（コピー＆ペーストによって）残っており、次の人にも同じ生年月日が登録されてしまったのではと推察される事案がありました。

また、社会保険上の氏名や生年月日の誤った登録は、終身給付である**老後の年金にも直結する問題**です。

もし、採用時の社会保険資格取得の通知書をすでに紛失しているという場合は、ねんきん定期便や、年金事務所での年金相談時に記録を確認することができますので、必ず確認しておきましょう。

特に、紙で管理していた時代には、手書きによる申請であるがゆえの誤りが多い傾向にあります。

退職後となれば（もちろん、会社に非がある場合は前職場が対応してくれるケースもありますが）、基本的には本人自身が手続きをしなければなりません。

1-13 定年後の再雇用で確定申告が必要な場合

定年後の再雇用では、いままで我慢していた副業にチャレンジします。その場合、どんなときに確定申告が必要になるのでしょうか？

A 副業所得が20万円を超えるかどうかが確定申告可否の基準ですが、住民税は別途申告が必要です。

会社員の場合、所得税法上「**給与所得者**」という枠組みに入るため、毎年11月頃から「**年末調整**」の案内があったことでしょう。

年末調整とは、１年間に支払われた給与と源泉徴収された所得税を合計し、年間の確定所得税額との過不足を計算する制度です（本業の年収が2,000万円を超える場合は会社員であっても年末調整の対象にならない等の例外はあります）。

仮に、定年後に再雇用された場合も会社員ではあり続けることから、年末調整を受けることはできますが、再雇用後に副業に挑戦する場合は（もちろん、会社の服務規程で副業が可能かどうか確認後に進めるべきですが）、**副業による所得が年に20万円を超える**と、個人で確定申告をする必要があります。

また、副業の所得が20万円以下の場合でも、（これは副業とは直接的に関連しませんが）「医療費控除」や一定以上の市区町村へのふるさと納税を行なう場合は確定申告が必要になります。

ここまでは理解されている人も多いと思われますが、確定申告をしなかった場合でも、「住民税の申告」は「別途」行なう必要があります。

所得税の確定申告をすれば、通常は自動的に住民税へも情報が連動しますから、住民税の申告は不要です。

しかし、たとえば、副業の所得が20万円以下で医療費控除やふるさと納税も一定の市区町村の基準額以下で、確定申告の対象にならなかったとします。

それでも、税務署ではなく市区町村への住民税の申告をしなければ、適切な住民税額とならないため問題となります。

どのような問題かというと、住民税額に加え、延滞税が発生する場合があり、延滞日数が長くなればなるほど加算されていくということです。

したがって、速やかに市区町村に連絡を行ない、住民税申告の手続きを進めましょう。

一方、定年退職後に再雇用ではなくフリーランスとして収入を得ていく場合は、もはや会社に籍がありませんから年末調整なども行なわれないので、確定申告は必須です。

1-14 生命保険料控除が申告可能な年限

年末調整の際に提出できなかった生命保険料控除証明書があります。この分の生命保険料控除は、いつまでなら確定申告できるのでしょうか？

A ５年以内に「還付申告」または「更正の請求」という形で手続きすることが可能です。

まず、会社の年末調整は多くの場合、その年の最後の給与支払月である12月に実施されるのが一般的です。

しかし、年末調整を実施する際に、提出すべき生命保険料控除証明書を提出し忘れていた（あるいは紛失したため、再発行を依頼していたが間に合わなかった）場合は、どう対処すべきでしょうか。

その場合、「**再年末調整**」といって、会社から税務署への法定調書の提出期限が１月31日までとなっているので、理論上はそれ以前であれば年末調整のやり直しは可能ということです。

ただし、再年末調整は、給与支払い日にあわせて行なうことが一般的なので、仮に給与支払日が25日である場合は、銀行への振込み手続き等を考慮すると、それよりも前に会社に生命保険料控除証明書を提出しておく必要があります。

再年末調整にも間に合わなかった場合は、自身で確定申告を行なうこととなります。

確定申告できる期間は、原則として毎年２月16日から３月15日までの１か月です。しかし、源泉徴収された税額が確定税額を超過したために税金の還付を受ける際の「還付申告」は、例外です。

還付申告であれば、1月1日から申告することが可能です。また、3月15日までという期限の縛りもなく、申告可能になった日から5年以内であれば、受付可能とされています。

生命保険料控除証明書は、加入している保険会社によって書式もバラバラですし、他の単なる案内と紛れてしまい、誤って破棄してしまうことも少なくありません。

年末調整や確定申告前に簡易的なチェックリストを作成し、証明書の漏れ（誤って破棄していないかのチェック機能も）がないかを確認できるようにすることでこのような手間を回避できます。

なお、確定申告した税額が多かったため、正しい税額に訂正する場合などに行なう「**更正の請求**」の場合は、通常よりも確認書類を多く求められることもありますので注意が必要です。

1-15 年金以外無収入の場合の確定申告

定年退職後は、年金以外は無収入の予定です。その場合、どんなときに確定申告が必要になるのですか？

A 所得控除を適用して税金の還付を受けるには確定申告したほうがトクです。

まず、年金は大きく分けて「老齢年金」「障害年金」「遺族年金」の３つの種類があり、老齢年金を除く障害年金と遺族年金は、所得税は非課税です。

老齢年金は「**雑所得**」として課税対象となりますが、老齢年金が支払われる際に、「公的年金等の受給者の扶養親族等申告書」にもとづいて所得税が源泉徴収されています。この申告書を提出していない場合は、所得税の各種控除が受けられなくなります。

ただし、その年の12月31日時点の年齢が65歳未満で、年金受給額が108万円未満の人、および65歳以上で年金の受給額が158万円未満の人は、同申告書の提出は不要です。

これは65歳未満の人であれば、年金受給額が108万円以下のときは「**公的年金等控除額**」が60万円となり、基礎控除の48万円と合わせると108万円となるため、所得税は非課税になるということです。

65歳以上の人についても同様の理屈で、年金受給額が158万円以下のときは公的年金等控除額が110万円となり、基礎控除の48万円と合わせると158万円となり、やはり所得税は非課税ということです。

◎老齢年金を受給している人が確定申告不要となる場合◎

以下のすべてに該当する場合は、確定申告の必要はありません。

①公的年金等の収入金額の合計額（複数から受給している場合はその合計額）が400万円以下

②公的年金等のすべてが源泉徴収の対象となっている

③公的年金等に係る雑所得以外の所得金額が20万円以下

【公的年金等に係る雑所得以外の所得とは】

- ●給与所得
- ●公的年金等以外の雑所得（個人年金、原稿料など）
- ●配当所得（申告不要制度を選択した場合を除く）
- ●一時所得（生命保険の満期返戻金など）

（国税庁ホームページ「公的年金等を受給されている方へ」より）

具体例をあげておくと、60歳で定年退職後、再雇用を希望せずに65歳前から年金生活に入ったとします。忘れてはならないのは、65歳未満で年金から控除されない社会保険料控除や生命保険料控除、医療費控除などがある場合は、必ず確定申告をしてこれらの控除を受けて税金の還付を受けるということです。

もちろん、年金以外の収入（たとえば不動産収入）がある場合には、確定申告が必要です。

なお、会社に勤務中は毎年「源泉徴収票」が発行されていたはずですが、障害年金と遺族年金は非課税であるため、これらの年金を受給しても源泉徴収票は送られてきません。源泉徴収票が送付されるのは、老齢年金受給者のみです。

確定申告する際には、源泉徴収票の添付が必要になりますが、万が一届かない（あるいは、紛失した可能性がある）場合は、便利な選択肢としては、「ねんきんネット」によって源泉徴収票の再交付申請をすることが可能です。

ネット関連の操作が苦手という場合は、電話での相談、申請も可能です（時間がある場合は、窓口での再交付申請も選択できます）。

定年退職前に会社との手続きでやっておくべきこと

2-1 退職願の撤回の可否

再雇用後の給与の額に愕然として、思わず人事担当者に退職願をたたきつけてしまいました。でも、退職願はあとから撤回できるのでしょうか？

A 退職願を受理した人がどのような職位の人であるかによります。

定年退職後に、１日も空白がなく再雇用されたとしても、一般的には給与額が下がることは少なくありません。

これには、制度的な問題が無視できません。会社の財源も無限にあるわけではなく、賃金制度上、たとえば55歳以上は定期昇給がなくなるなど、いわゆる「働き盛り」に多くの人件費を投入する制度になっていることがあげられます。

もちろん、再雇用契約を締結する前に会社から然るべき説明があるのが通常ですが、ご質問のケースのように感情的になった背景を推察すると、双方で認識の行き違いがあった可能性が高いと思われます。

まず、「撤回」とは、意思表示をした者が**将来に向かって当該意思表示を消滅させること**だということを認識しておきましょう。

退職願に関する「従業員の退職の意思表示の有効性」については、「**退職願を受理した役職者次第**」という判例（大隈鉄工所事件／最高裁／昭和62年９月18日判決）があります。

誌面の都合上、判例の詳述は割愛しますが、「退職願」の承認は未知数的な要素の多い「採用」とは異なり、ある程度、人物の能力や実績等が把握できているといえます。
たとえば、退職願を提出した相手が人事部長であれば、上記の人物像を把握できており、退職にかかる「最終決定」の権限を与えられていたとしても、不合理とまではいえないでしょう。退職願の撤回は、難しいものと思われます。

したがって、判例を咀嚼すると、退職願を提出した相手が一担当者に過ぎない係員級の社員に対しての提出であれば、撤回できる可能性はあるということです。
もっとも、これは最高裁判例とはいえ、昭和の時代の判例であることと、あくまでも法的に争った場合の司法判断であり、それにすら達していない会社内部での出来事については当然、応じるか否かは判断が分かれる可能性が高いです。
ただし、退職願を受理したことを相互に確認する意味で、**承諾通知書等**が本人に戻ってきている場合は、退職願の撤回は認められないのが通常です。

2-2 競業避止義務条項のある誓約書

定年退職する際に会社と取り交わした秘密保持に関する誓約書に、競業避止の条項があるのですが、これは似たような仕事はやってはならないということでしょうか？

A **競業避止義務条項のある誓約書は、一般社員には実務上ほぼ影響はないものの、執行役員以上の場合は注意が必要です。**

「競業避止義務」については、1－11項（☞40ページ）でも触れましたが、まずは「競業避止義務」についてその意味を確認しておきましょう。

競業避止義務とは、在職中あるいは退職後に「自社と競合する業務を行なってはならない」ということです。

これは、自社の正当な利益を不当に侵害してはならないという趣旨であり、自社の正当な利益が侵害されない場合については、同一の業種、職種であっても容認されると考えられています。

たとえば、ライバル会社に再就職したとします。もちろん実務上、定年退職まで勤め上げたということは、会社では一定水準以上の良好な人間関係が構築されていたことがうかがえますが、ライバル会社に転職したことで、「後ろ足で砂をかけられた」と取られてしまうこともあるでしょう。

ただし、憲法によって「**職業選択の自由**」が保障されているように、競業避止義務を就業規則等に記載していたとしても、それで即何かできるかというと、そうではありません。対象者については、影響力の大きい執行役員以上でなければ、競業避止義務を実質的に適用させるのは困難と言わざるを得ません。

また、対象が一般社員であったとしても、競業避止義務を遵守してもらうために一定の手当を支払っていた場合などは適用対象となる場合もゼロではありませんが、地域（国内全域だと広すぎる）や期間（たとえば1年以内）を限定しないとなると、競業避止義務を適用させるのはほぼ無理です。

そして、競業避止義務に違反して実際にどのような損害が生じているのか証明しなければならないので、会社側の費やす時間と労力も並大抵のものではありません。

以上を踏まえると、競業避止義務について必要以上に心配する必要はありません。

ただし、誓約書に署名する前に、会社としてはどのようなレベルでの義務違反を想定しているのか、（開示が可能な範囲内で）過去にどのような形で問題となったことがあるのか等は、確認しておくのがよいでしょう。

2-3 退職後に会社から連絡がある場合

Q 定年退職後に会社から、悪い意味での連絡があるケースがあると思いますが、それはどんなことが発覚したときですか？

A 給与、引き継ぎ、不祥事の３つのケースについて、連絡がくることが多いです。

筆者は、会社側から退職後の従業員に対しての相談も多く受けますが、筆者の経験則上、相談内容で特に多いのは、以下の３つのケースです。

１つめは「**給与計算の誤り**」です。

多い事例としては、会社側が給与計算（退職金の場合もあります）を誤っていた場合で、その調整方法についての相談です。

たとえば、社会保険料の徴収漏れや、保険料率の変更が反映されていないために徴収額が少なかったというケースです。

この場合、給与が翌月払いになっている等で、退職した翌月にも給与支給がある場合は、「翌月の給与で調整させてほしい」という相談や、翌月に給与の支給がない場合は、「社会保険料の徴収不足額を会社指定の口座へ振り込んでほしい」（振込手数料の取扱いは会社によって異なります）という相談が一般的です。

ただし、これらのケースについては、退職者に直接的な落ち度はないといえます。

２つめは、業務の「**引き継ぎが不十分**」であった場合です。

この場合、もちろん後任者の理解度の問題もありますが、実際に大きなミスにつながっていた場合は、感情的なやりとりに発展することもゼロではありませんし、ミスが起きないように逆算した引き継ぎができなかったという意味で、前任者にも落ち度があったと言われやすいケースです。

そのため、特に定年退職の場合は、通常は自己都合退職よりも早いタイミングで誰もが退職時期を知ることができるので、後任者に対して早期に自分事として考えてもらえるよう、スケジュールを逆算した引き継ぎを実施することが重要です。

３つめは、会社で「**不祥事**」が起きた際の聞き取り調査です。

不祥事といっても規模の大小がありますが、定年退職者となれば長期間会社に在籍していたことが多く、当該不祥事の事実またはその予兆を知り得ていたのではないかと推察され、連絡が入ることがあります。

もちろん、当該不祥事に加担していた場合は問題ですが、現在はコロナ禍によって対面一択での聞き取り調査ではなくなりましたので、応じやすくなっている（逆に断わりにくくなった）状況です。

2-4　退職後に会社に連絡する必要がある場合

定年退職後は、積極的には会社に連絡したくありません。でも、必要書類が見当たらない場合など、どんなケースで連絡せざるを得なくなりますか？

A　雇用保険被保険者証などが手元にない場合は、会社に問い合わせなければなりません。

筆者の経験則上、一般的には固定的な労働収入がなくなるため、定年退職後は「お金」に関連する手続きが進められない場合には放置できず、会社に問い合わせをするケースが多いです。

もちろん、定年を待たずに「転職」した場合でも同じことがいえますが、再就職先に慣れたと思われる一定期間経過後に転職前の会社に連絡が入ることが多い印象です。

では、どんな場合に前勤務先への連絡が必要になるか、具体的に見ていきましょう

まずは、65歳前に受給できる年金を請求する際に必要となるものとして、「**雇用保険被保険者証**」があります。

生年月日に応じて65歳よりも前にもらえる「**特別支給の老齢厚生年金**」（☞14ページ）は、失業保険と併給（同時に両方もらうこと）することはできません（65歳到達月の翌月からもらえる「本来支給の老齢厚生年金」は、失業保険と調整されることはありません）。

そこで、特別支給の老齢厚生年金の請求時には「雇用保険被保険者証」の添付が必須となります。これが手元に見当たらない場合には、会社に問い合わせる必要があるでしょう。

いうまでもなく、年金との併給調整を行なうために失業保険の受給と紐づく雇用保険被保険者番号をおさえておくためには、以下の３点に該当する場合を除き、「雇用保険被保険者証」の提出が必要となります。

本来であれば、会社が雇用保険の資格取得後に本人に交付しなければならないのですが、実は、申請後そのまま会社で保管されているケースが多いのです。

- **雇用保険の加入事業所に勤めていたが、雇用保険の被保険者から除外されていたため**
- **雇用保険に加入していない事業所に勤めていたため**
- **最後に雇用保険の被保険者でなくなった日から７年以上経過しているため**

また、次にあげるケースは直接的には退職者に非があったとはいえず、もはや会社の問題です。

年金請求時には自身のこれまでの加入記録（どこの職場にいつからいつまで加入していたかの履歴）が確認できますが、たとえば、試用期間中も社会保険料は給与から天引きされていた記憶があるものの、資格取得日が自身の感覚よりもずれているというケースです。

あるいは、賞与をもらっていたにも関わらず、年金記録には反映されていないというケースに遭遇することもあります。

この場合、本人確認が取れていたとしても、さすがに口頭のみで訂正はできず、一定の証明が必要です。たとえば、給与明細書や賞与明細書もその１つですが、確認後は破棄しているケースも多いことでしょう。これも手元に見当たらなければ、会社に問い合わせるしかありません。
　会社に問い合わせても、担当者が退職しているケースもありますが、賃金台帳は労働基準法上３年（執筆時点の期限）の保存義務がありますので、給与明細書等の再交付を依頼することで、一定の証明にはなり得ます。

2-5 健康保険の給付金の申請

在籍中に会社を経由して健康保険の「傷病手当金」を申請していますが、定年退職後も会社を経由して申請することになるのですか？

協会けんぽ加入の勤務先だったなら、退職後は自分で手続きします。

健康保険からもらえる「**傷病手当金**」は、医師からの働けないという証明書があり、かつ、その期間内の収入補填とされていますが、一定の要件を満たせば退職後でももらうことができます。

一定の要件とは、次のとおりです。

> ①退職日までに継続して１年以上、健康保険（健康保険任意継続の被保険者期間を除く）に加入していること
> ②退職時に傷病手当金を受けているか、または受ける条件を満たしていること

注意しなければならないのは、**退職日に出勤したときは、それ以降の傷病手当金はもらうことができない**ということです。

ただし、あくまでも「出勤」ですので、単に在職中の感謝の意を込めて挨拶にいくことや、荷物の引き取りに行く程度であれば、賃金支払い対象の「出勤」と扱うには無理があります。

多くの中小企業が加入する協会けんぽ（全国健康保険協会管掌の健康保険）の場合は、在職中であっても退職後であっても、

傷病手当金は加入者（本人）名義の口座へ直接振り込まれることとなっていますが、共済組合や健保組合によっては在職中に限り、いったんは会社へ手当金が振り込まれることがあります。

また、在職中と退職後の手続き方法には相違点があります。

在職中は、会社の証明が必要であるため、医師から記載してもらった傷病手当金の請求書を加入者から会社宛てに送付し、会社から保険者（たとえば協会けんぽ）に送付することになりますが、退職後は、会社に籍がありませんので、医師から記載してもらったあとは、加入者（任意継続被保険者でなければ厳密には元加入者）から直接、保険者に送付することとなります。

なお、退職後に傷病手当金をもらう場合で、かつ、老齢年金をもらえる場合は、傷病手当金をもらうことができなくなります。

ただし、年金額の360分の１が傷病手当金の日額よりも低い場合には、その差額をもらうことができます。傷病手当金と老齢年金の調整は、あくまでも「資格喪失後」に傷病手当金をもらう場合なので注意が必要です。

2-6 離職票で確認しておくこと

定年退職するにあたって、離職票をもらう予定ですが、どこをチェックしておけば間違いないですか？

A 賃金欄と離職理由欄の２つは必ずチェックしましょう。

「**離職票**」については１－10項でも触れましたが（☞37ページ）、離職票は失業保険をもらう際に必ず必要となるものです。

法律上は、59歳未満の人は、申し出があれば会社に離職票の発行義務がありますが、59歳以上の人の場合は、申し出があるなしに関わらず、会社には発行義務があります。

失業保険は、離職理由等によってもらえる額が大きく異なります。

たとえば、離職票記載の氏名の漢字や住所に誤りがあっても（もちろん、あってはなりませんが）、給付額に直接影響することはありません。しかし、**給与額の記載に誤りがあった場合**は、給付額に直接的に影響が及びます。

37ページでも紹介しましたが、筆者が経験した事例としては、遡及して給与の追加払いがあったものの、それが反映されていなかったという事例や、通勤手当をまとめて（たとえば、６か月分の定期代として）払っていたものの、各月に割り振られていなかったという事例がありました。

失業保険の給付額は、原則として、直近６か月間の給与額をもとに算出されます。離職票の記載に誤りがあった場合には、給与明細書等の客観的な書類を根拠として訂正することは可能ですが、その分、もらえるまでには無用な時間が発生します。
失業保険は、原則として離職後１年の間に受給しなければならないので、このような「ロスタイム」が発生してしまうと、１年の間に受給しきれないというリスクも想定されます。

また、「**離職理由**」についても確認が必要です。
「**自己都合退職**」と「**会社都合退職**」(たとえば、退職勧奨によって離職）では、自己都合退職の場合は、給付制限期間（失業保険がもらえない期間）が原則として２か月あるものの、会社都合退職の場合は、原則として給付制限期間はありません。
離職理由について会社の記載した内容と本人の認識が異なっている場合には、事実に則して訂正することが可能です。

定年退職の場合は、少しゆっくりしてから今後のことを考えたいということもあるでしょう。その場合、退職後「２か月以内」であれば、ハローワークに失業保険の受給にかかる延長の申請が認められていますので、離職票のチェックとあわせてその期限をおさえておきましょう。

2-7 退職日の違いによる損得

定年退職する場合、退職日の違いで損得があるのでしょうか。たとえば、60歳の誕生日に退職するのと、60歳になる月の末日に退職するのとでは、どちらがよいですか？

A 社会保険のしくみを理解したうえで判断しましょう。

定年退職の場合、法律上は一部の職種を除き、60歳を下回る定年年齢の設定は違法となるので、定年年齢を設ける場合は、「60歳以上」であれば問題はありません（その後、希望者に対しては65歳までの継続雇用措置が必要です）。

筆者はさまざまな企業の就業規則を見てきましたが、たとえば、「60歳」が定年である場合でも、「60歳の誕生日をもって定年」「60歳の誕生日の属する月の末日が定年」「60歳に到達した月が属する年度末が定年」など、さまざまなルールが存在します。

もちろん、就業規則の制定時や改定時には、労働者の代表に意見聴取が行なわれているはずですが、定年退職者個人でルールを変えることはできません。

そこで、前述の３つの定年退職日を例に取り、それぞれどのような損得が生じるのかを知っておきましょう。

①60歳の誕生日をもって定年退職

たとえば、５月15日に60歳となる場合、５月15日をもって定年退職、あるいはその翌日である５月16日をもって定年退職と

◎退職日と社会保険料徴収の関係◎

退職日が5月1日から30日までの場合

➡ 資格喪失日は翌日（5月2日～31日）

➡ 資格を喪失した月は5月

➡ 5月分の社会保険料は徴収されない

退職日が5月31日の場合

➡ 資格喪失日は6月1日

➡ 資格を喪失した月は6月

➡ 5月分の社会保険料が徴収される

することが考えられます。

この場合、5月の末日には会社に籍がないこととなるので、その5月は自身で社会保険に加入しなければなりません（会社としても、当該定年退職者の「5月分」の社会保険料の負担義務はありません）。

自分で社会保険に加入する選択肢としては、健康保険については「任意継続被保険者」「国民健康保険」「家族の扶養に入る」ということが考えられます（☞38ページ）。

年金については、60歳以上であるため、国民年金第1号被保険者には（年齢的に）なることはできませんが、保険料の未納期間等がある場合は、保険料納付済期間の上限である480か月に到達するまでの間（年齢的には65歳まで）に限り、任意加入して、老齢基礎年金を増やすという選択肢もあります。しかし、一定以上の労働時間を締結したうえでの再就職または起業しない限り、「厚生年金」に加入することはできません。

②60歳の誕生日の属する月の末日をもって定年退職

①とは異なり、その月の末日には会社に籍があるので、仮に①と同じ5月15日が誕生日とすると、5月までは会社の社会保険に加入していたことになります（会社としても、当該定年退職者の「5月分」の社会保険料の負担義務があります）。

③60歳に到達した月が属する年度末をもって定年退職

3つの選択肢のなかでは、最も長く勤めることができる状態です。言い換えると、厚生年金にも長く加入できるので、年金額をより増やすことができるといえます。

注意してほしいのは、①のケースであっても、5月に（たとえば5月10日に）健康保険証を使うことはできます。その理由としては、5月10日時点では現に会社の社会保険に加入している状態であることは間違いありませんし、そもそも健康保険証と社会保険料徴収の考え方は異なっているためです。

2-8 退職後の医療保険の選択

Q 定年退職後にも医療保険に加入しなければなりませんが、どんな種類があって、そのうちどれに加入するかは何を基準に決めたらよいですか？

選択肢としては「任意継続被保険者」「家族の扶養に入る」「国民健康保険」の３つがあり、このなかから選びます。

定年退職後の医療保険（健康保険）については、１－10項で説明したように上記回答の３つの選択肢があり、このなかから選びます（☞38ページ）。

まず、「**任意継続被保険者**」とは、職場で加入する健康保険に継続して加入することです。任意継続被保険者となるためには、退職日までに継続して２か月以上の加入資格がある必要があり、退職の翌日から２年間加入できる制度です。ただし、退職日の翌日から20日以内に申し出なければなりません。

次に、「**家族の扶養に入る**」とは、家族（たとえば、子ども）が加入している健康保険の「被扶養者」になるということで、年収が130万円未満（60歳以上と障害のある人は180万円未満）という要件があり、原則として74歳まで加入できます（75歳からは後期高齢者医療制度へ移行します）。

被扶養者になることの最大のメリットは、**健康保険料がかからない**ことです。被扶養者となるかどうかの認定手続きに必要な添付書類は、保険者（協会けんぽなど）によって大きく異なるので、事前の確認が重要です。

なお、年収要件には非課税給付である失業保険や、遺族年金も含まれます。よって、多くの場合、失業保険をもらう場合は、待期期間（離職理由を問わず7日間はあります）と給付制限期間（自己都合退職の場合は原則として2か月は支給されない）があるため、失業保険をもらい終わった後で家族の扶養に入るということも少なくありません。

ただし健保組合等によっては、待期期間中、給付制限期間中に限っては、実際に失業保険の受給ができないために、家族の扶養に入ることが可能です。

最後に、**「国民健康保険」**（国保）については、前年の所得に応じて保険料が決まり、加入期間は74歳までです（75歳からは後期高齢者医療制度へ移行する）。手続きは、市区町村の窓口で可能ですが、市区町村ごとに求められる添付書類が異なります。国保に加入する場合は、退職日の翌日から加入義務が生じますので、離職票で足りるという市区町村もあれば、社会保険の資格喪失証明書が必要とする市区町村もあります。

上記から何を基準に決めるかについては、**保険料額を基準にする**という人が多い印象です。まず、任意継続被保険者は、退職時の標準報酬月額に居住地の保険料率をかけた額となりますが、保険料には上限があります。被扶養者は、保険料を払わないので、退職前に任意継続被保険者と国保の保険料を比較するのも一案です。ただし、1年を超えて無職という場合は、1年めは任意継続被保険者のほうが保険料は安くても、2年めには逆転（国保のほうが安くなる）ということが考えられます。

そのほか、会社が健康保険組合に加入している場合は、付加給付の充実度も検討することが考えられます。

2-9 健康保険証の効力

在職していた会社の健康保険証はいつまで使えるのですか？　また、退職後に誤って使ってしまった場合には、どのような手続きが発生するのですか？

A 誤って使った場合には、払い戻しの手続きをしなければなりません。

たとえば、３月31日付の退職であれば、理論上はその日の23時59分までは３月31日なので、その日まで健康保険証を使うことは何ら問題はありません。

多くの場合は、最後の出勤日に（扶養親族がいる場合は扶養親族分もまとめて）保険証を返却することになりますが、病気がちやたまたまその日に受診の予定がある場合は、後日、会社へ送付する（送り先の間違いは要注意）形でも差し支えありません。

もちろん、「退職した後に」前の会社の健康保険証を使うことはできません。誤って使ってしまった場合は、**払い戻しの手続きをして精算する**必要があります。

設定金額としては高額かもしれませんが、便宜上、10万円の医療費がかかったとします。この場合、窓口で前の会社の健康保険証を提示し、「３割負担分の３万円」を払っているはずですが、それは本来使えない保険証なので、前の会社が加入する保険者から７万円が請求されることとなります。

いったんは、この請求に従って手続きをすることで、誤って使用した保険証分の精算は終わります。

ただし、退職後の医療保険が国民健康保険（国保）であったとした場合は、これで手続きを終わらせてはなりません。受診時の領収書と診療報酬明細書を保管しておき、国保へ手続きをすることで7万円が還付されることになるからです。

これは、任意継続被保険者についても同様です。あくまで退職後も加入期間の上限である2年間に限って、前の会社で加入する医療保険に加入できるに過ぎませんので、国保と違い、例外なく74歳までというわけにはいきません。

また、国保であっても今後増えてくることが予想される事例として、75歳以降も同じ職場で働く場合です。

締結する労働契約上、健康保険には加入できない（厚生年金は70歳で資格喪失）ため、国保に加入しているという場合です（もちろん、後期高齢者医療制度について事前に案内はありますし、国保の有効期限の記載もありますが、顔見知りの医療機関では毎回保険証の提示を求めないことがあります）。

75歳以降は、後期高齢者医療制度に移行することになるため、手元にある国保の健康保険証は使えなくなるので注意しましょう。

2-10 退職時期による失業保険の受給額

Q 退職後は失業保険をより多くもらいたいと考えているのですが、辞めるタイミングはいつがよいのでしょうか？

A 失業保険の額は、離職理由、年齢、雇用保険への加入期間の長短によって決まります。

失業保険は、**離職票**に記載された情報をもとに決定されますが、もちろん偽った**離職理由**で離職票の発行依頼をすべきではありません。

ただし、職場の人間関係が良好ではなく、定年退職まで勤め上げたいがやむなく定年前に自己都合退職をするといったことは少なくない印象です。

また、離職理由が複数あるといったことも想定されます。

たとえば、親の介護のために離職を検討していたところ、会社から退職勧奨を受けたために離職せざるを得なくなったというケースです。

この場合、後者である退職勧奨を受けたための離職は「**特定受給資格者**」という枠組みに入り、７日間の待期期間はあるものの、自己都合退職の場合に設けられている給付制限期間（原則として２か月）がないだけでなく、一般の自己都合退職と比べて失業保険としてもらえる給付額が多くなります。

一方、前者の介護のために離職する場合は、「**特定理由離職者**」という枠組みに入ります。これは、７日間の待期期間はあるものの、自己都合退職の場合に設けられている給付制限期間

(原則として2か月）はありませんが、失業保険としてもらえる給付額が増えるわけではありません。

よって、この事例のようなケースであれば、離職票の離職理由欄には、複数の離職理由を併記するということも考えられますが、一般的には退職勧奨を受けたことによる離職という理由のみを明記することとなります。

回答で示したように、失業保険は離職理由、年齢、雇用保険への加入期間によって受給額も異なります。

ただし、定年退職の場合は、7日間の待期期間はあるものの、自己都合退職の場合に設けられている給付制限期間（原則として2か月）はありません。

なお、特定受給離職者に該当するような「会社都合退職」以外では、雇用保険への加入期間の長さによって受給額が異なり(加入期間が長ければ長いほど受給額は高くなる)、また、65歳以降に退職する場合には、制度上、失業保険は「**高年齢求職者給付金**」という名称に変わり、給付形態が「一時金」となるだけでなく、給付額も下がってしまいます。

2-11 年金と失業保険の受給額比較

年金と失業保険の受給額を比べると、失業保険のほうが多いと聞きますが、逆のケースはないのですか？　あるとしたら、それはどんな場合ですか？

A **44年特例に該当する場合は、失業保険より年金のほうが受給額は高くなることが多いです。**

1－2項（☞18ページ）で取り上げた「**44年特例**」に該当する場合は、失業保険よりも年金の受給額のほうが高い可能性があります。ただし、注意点が2つあります。

1点めは、とにかく厚生年金に44年加入していればよいというわけではないということです。実は厚生年金には、厚生年金と共済年金が統合されたことにより、以下のように4つの種別があります。

①**第1号厚生年金被保険者**…民間企業の会社員など
②**第2号厚生年金被保険者**…国家公務員共済組合の組合員
③**第3号厚生年金被保険者**
…地方公務員等共済組合の組合員
④**第4号厚生年金被保険者**
…私立学校教職員共済制度の加入者

そして、「44年特例」が適用されるには、「**同じ種別に44年以上加入**」が条件となります。

たとえば、高校卒業後すぐに就職して定年退職時に44年以上、厚生年金に加入しているとしても、公務員を経て民間企業に再就職して定年退職という場合には、44年特例に該当していない可能性が高いです。

２点めの注意点は、44年特例として付加される年金をもらうには、**厚生年金の資格を喪失させなければならない**点です。

厚生年金の資格を喪失するとは、一般的には退職が挙げられますが、無論、退職してしまうと「労働収入」がなくなります。現代は、働きながら年金をもらう人が増えているにも関わらず、それと逆の動きをしなければならなくなるということです。

ただし、厚生年金の資格喪失理由は退職だけではありません。一例をあげれば、再雇用後は正社員と同じ労働時間である嘱託社員を選ばずに、パートとして契約する場合は、厚生年金の資格を維持できず、資格喪失することが可能です。

１点めの注意点の誤解を防ぐ意味で、事前に年金事務所に相談し、自身が真の意味で44年特例に該当するのか（該当する場合は、いつ該当するのか）を確認しておくことが適切です。厳しい言い方ですが、44年に１か月でも不足すると、まったく恩恵がありませんので、慎重な確認が求められます。

２点めの注意点については、退職あるいは労働時間を短くすることによる労働収入減と、44年特例で付加される年金のどちらが多いのかを比較しましょう。また、嘱託社員であれば賞与もあるという場合、その点も含めての検討が望まれます。

なお、44年特例に該当する場合は、年金事務所で概算の受給額を出してもらえますので、念のため、失業保険の額と比較してみましょう。

2-12 年金と失業保険のダブル受給

Q 65歳前の年金と失業保険はダブルでもらえないと聞きましたが、では、65歳以降はダブルでもらえるのですか？

65歳の誕生日の２日前までに退職し、ハローワークへの失業保険の申込みを65歳になった月以後に行なうことで、年金と失業保険の両方をもらうことが可能です。

まず、理解しておいてほしいのは、老後の年金と失業保険は例外なく両方もらえないということではなく、65歳からもらえる老齢厚生年金（「**本来支給の年金**」と呼びます）は失業保険と調整されずに両方もらうことができます。

失業保険とダブルで受給できない年金は、65歳前にもらえる「特別支給の老齢厚生年金」です。

なお、年金が支払われるスパンは、「支給事由が生じた月の翌月から消滅した月まで」です。すなわち、本来支給の年金は65歳１か月めからもらえるようになります。よって、65歳になる月にもらえる年金は、特別支給の老齢厚生年金です。

失業保険をもらうためには、ハローワークへ求職の申込みをする必要がありますが、年金との調整は求職の申込みをした翌月からとなります。そこで、65歳到達月以後に求職の申込みをすることで、年金（このときにもらえる年金は調整対象ではない「本来支給の年金」）と失業保険は両方受給できるということです。

ただし、**65歳１か月めからもらう失業保険**については注意

点があります。

失業保険では、「28日」ごとに失業認定が行なわれることになっていますが、この認定を受ける「28日」のなかに１日でも65歳到達月（１日から末日）が入っていると、65歳到達月の年金（このときにもらえる年金は「特別支給の老齢厚生年金」）は調整対象となるので、年金支給は止まってしまうことに注意が必要です。

失業保険はどんな離職理由であっても、退職後に初めてハローワークに行って求職の申込みを行なってから７日間は「**待期期間**」が設けられており、この期間には失業保険は一切もらえません。その後は、離職理由によって「**給付制限期間**」があります。

失業保険は28日分ごと給付が行なわれますが、受給期間（原則として１年間で、この期間内に受給しなければなりません）があるので、単純に失業保険と年金の両方をもらうためには、ハローワークへ行くのを遅くすればよいのではないかと考えるかもしれませんが、それは適切ではないので注意が必要です。

また、失業保険を受給するには、働く意思や能力があることが前提ですから、これも忘れてはなりません。

2-13 退職金のもらい方と税金

退職金のもらい方について、一時金方式と年金方式の２通りから選べることになっていますが、どちらにするかの判断基準がわかりません。何を基準にして判断すべきですか？

A 求める生活と税金の２つを基準にして判断すべきです。

退職金のもらい方は、一般的には「一時金」としてもらうパターンと「年金」としてもらうパターンの２通りありますが、一時金のパターンを選択するケースが多いと考えられます（一時金のみを設定している会社も多いです）。

定年退職の場合は、一時金であれば1,000万円を超えるような相当な額となるでしょう。そこで、退職金は**貯蓄や自己責任のもとで投資にまわす**と考えるケースが多いようです。

一方、年金としてもらう場合は、言い換えると分割してもらうということなので、毎月一定額（年金の場合は２か月に１回振り込まれます）をもらうということです。この場合は、老後の生活が年金だけでは不安のため、**公的年金の足しにする**と考えるケースが多いです。

他方、会社の退職金規程に規定されていれば、一時金と年金を組み合わせてもらうという選択肢も想定されます。たとえば、退職直後にはまとまったお金が必要だが、老後の生活は不安という場合には、両者のメリットを享受できる選択肢ではあります。
老後の生活を考えて、一時金でもらうか年金でもらうかを判断しましょう、ということです。

そして、退職金には税金（所得税、住民税と復興特別所得税（令和19（2037）年12月31日まで））がかかりますから、これも考慮しなければなりません。

退職金を一時金としてもらう場合は、所得税法上「**退職所得**」として扱われ、「**退職所得控除**」が適用されます。計算方法は次のとおりです。

（退職金－退職所得控除額）×1/2
【退職所得控除額】 **●勤続年数20年以下…40万円×勤続年数** **（80万円に満たない場合は80万円）** **●勤続年数20年超…800万円＋70万円×（勤続年数－20年）**

一方、退職金を年金としてもらう場合は、所得税法上「**雑所得**」として扱われ、公的年金等と同様に「**公的年金等控除額**」が適用されます。計算方法は次のとおりです。

収入金額の合計額×税法に規定された割合 **－公的年金等控除額**

参考までに、公的年金等控除額を差し引いた後の「公的年金等に係る雑所得」の金額の早見表を掲載しておくと次のとおり

です。

公的年金等に係る雑所得以外の所得に係る合計所得金額が1,000万円以下の場合		
年金を受け取る人の年齢	公的年金等の収入金額の合計額	公的年金等に係る雑所得の金額
65歳未満	60万円以下	0円
	60万円超130万円未満	収入金額の合計額 － 60万円
	130万円以上410万円未満	収入金額の合計額 × 0.75 － 27万5,000円
	410万円以上770万円未満	収入金額の合計額 × 0.85 － 68万5,000円
	770万円以上1,000万円未満	収入金額の合計額 × 0.95 － 145万5,000円
	1,000万円以上	収入金額の合計額 － 195万5,000円
65歳以上	110万円以下	0円
	110万円超330万円未満	収入金額の合計額 － 110万円
	330万円以上410万円未満	収入金額の合計額 × 0.75 － 27万5,000円
	410万円以上770万円未満	収入金額の合計額 × 0.85 － 68万5,000円
	770万円以上1,000万円未満	収入金額の合計額 × 0.95 － 145万5,000円
	1,000万円以上	収入金額の合計額 － 195万5,000円

定年退職後は何があるかわからないため、一時金で確実にもらっておいたほうがよいという声が多くあります。

一方で、年金型の場合、未払分の退職金については会社が運用してくれているということであれば、その運用によって得た利益が退職金に上乗せされます。そうなると、「退職金が増える」ということにもなるので、退職金をもらう人にはメリットにもなります。

2-14 iDeCo活用の注意点

iDeCoに加入していますが、退職金のもらい方次第では影響があると聞きました。何に気をつけておく必要があるのですか？

A 「14年ルール」は忘れられがちなので、意識をしておきましょう。

「iDeCo」（イデコ）とは、**個人型確定拠出年金**のことで、金融機関で取り扱っている金融商品から商品を選択して、それに掛金を拠出して積み立てて運用してもらい、公的年金にプラスできる年金にしようとするものです。税制優遇制度があることが魅力です。

実は、iDeCoをもらう過去14年以内に、退職金を一時金としてもらっていると、退職所得控除額を計算するにあたっては、**iDeCoと退職一時金を合算して計算**することになります。加入期間が重なっている場合は、差し引いて計算します（iDeCoの掛金拠出期間は勤続年数として考えます）。

iDeCoは、「年金」としてもらうと退職金と同様に「**雑所得**」として扱われます。年金としてもらうということは、iDeCoにおいて避けて通ることが難しい「口座管理手数料」が引かれ続ける点がデメリットといえます。

ただし、資産の運用が継続するため、（もちろん、自己責任とはなりますが）運用成績によっては、もらえる額を増やせるというメリットもあります。

◎iDeCoのしくみ◎

自分で拠出		自分で運用		年金受取り
自分で設定した掛金額を拠出して積み立てていきます。	➡	自分で選んだ運用商品（定期預金、保険商品、投資信託）で掛金を運用し、老後の資金を準備します。	➡	受取額は、拠出した掛金の合計額や、運用成績によって、一人ひとり異なります。

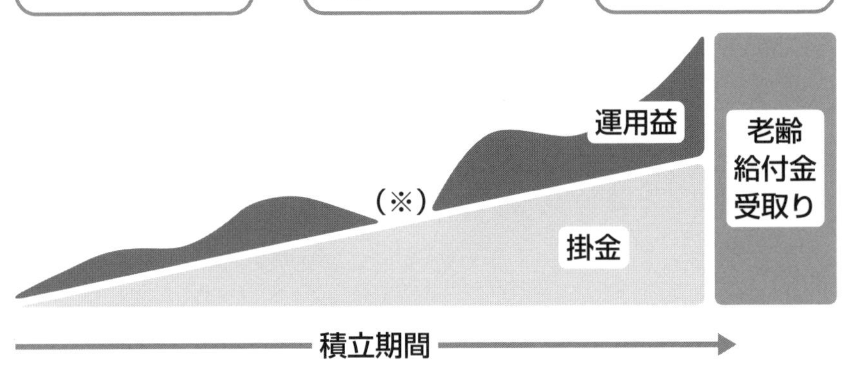

（※）「元本確保型」の商品もありますが、投資信託等の商品の場合は、元本を下回る可能性もあります。

（「iDeCo公式サイト」より引用）

ただし、それに派生した問題として、雑所得が増えると、定年退職後の健康保険で家族の扶養に入らずに国民健康保険に加入した場合は、国保の保険料を計算するにあたっては雑所得も含めて計算するので、健康保険料が増えることとなります（住民税も同様の理屈で高くなる）。

次に、iDeCoを「一時金」でもらうと、退職金と同様に「**退職所得**」として扱われます（退職所得や退職所得控除額の計算式は退職金の場合と同様です）。

最後に、iDeCoには年金と一時金の併用（組み合わせ型）もあります。

払う税金を少なくするにはどうしたらよいかと悩んでいる人も多く見受けられます。iDeCoについては、統計上、利用者の約９割の人が一時金でもらっている状況ですが、退職金とあわせて次の３点について意識しておきましょう。

①退職金とiDeCoをもらうタイミング（便宜上、14年ルールとする）に注意する ②iDeCoには３つのもらい方がある（退職金は会社の退職金規程による） ③一時金か年金かによる、もらい方によって税金の計算が異なる

2-15 退職金の確定申告の必要性

退職金をもらった場合、確定申告を行なう必要はあるのでしょうか？

原則として申告不要ですが、「退職所得の受給に関する申告書」の提出を忘れずに。

まずは会社に**「退職所得の受給に関する申告書」**を提出しておくことで、退職金をもらっても、原則として確定申告は不要です。

言い換えると、会社が源泉徴収をしてから退職金を支払うため、原則として、受け取った個人は確定申告不要ということです。

会社は退職金を支払ったあと、翌月10日までに源泉徴収した所得税と復興特別所得税を納税しなければなりませんが、いうまでもなくこれは会社が行なうことなので、個人で対応することではありません。

一方、「退職所得の受給に関する申告書」を提出しないで退職金をもらう場合は、退職金の額に対して、20.42％が源泉徴収されてしまいます。

一般的には、「退職所得の受給に関する申告書」は会社から提示されることが多いのですが、筆者の関与先では認識すらされていなかったケースに遭遇したことがあります。したがって、もし会社から提示されない場合は、逆に問い合わせをしておくことが望ましいです。

◎退職金に係る税金の計算例（令和４年分の場合）◎

（79ページの計算式にもとづいて計算します）

【事例】30年勤務した人が退職金を2,500万円受け取った場合（「退職所得の受給に関する申告書」は提出済み）

●退職所得控除額の計算
800万円＋70万円×（30年－20年）＝1,500万円

●退職所得金額の計算
（2,500万円－1,500万円）×1/2＝500万円
（1,000円未満の端数切捨て）

●所得税額の計算
500万円×20％－42万7,500円＝57万2,500円

●所得税および復興特別所得税の計算
57万2,500円＋（57万2,500円×2.1％）
＝58万4,522円
（1円未満の端数切捨て）

※このほかに、住民税として50万円が特別徴収されます。

ただし、上記はあくまでも「原則として」なので、「退職所得の受給に関する申告書」を提出していない場合は、確定申告をする必要があります。

同申告書を提出していないと、退職所得控除額が適用されていないので、一律に20.42％の所得税（復興特別所得税を含む）が源泉徴収された状態となっているためです。

この場合は、確定申告を行なうことで源泉徴収された所得税が還付されることになります。

他には、退職金をもらって他社に再就職したような場合で前職の源泉徴収票の提出を失念していた場合で、再年末調整にも間に合わなかったなどの場合には、確定申告が必要ですし、医療費控除など源泉徴収される際に考慮されなかった所得控除を適用する場合には、確定申告をして税金の還付を受けるほうがトクです。

参考までに、退職金にどのくらいの税金がかかるのかの一例を前ページにあげておきました。

再雇用か起業かを決断する前におさえておきたいポイント

3-1 残った有給休暇の買い上げ

Q 定年退職時に有給休暇が残っています。この分は買い取ってもらえないのですか？

A 有給休暇は原則、買い上げ不可ですが、例外的に買い上げ可能な分があります。

まず前提として知っておきたいのは、**有給休暇の買い上げ自体は違法**です。なぜなら、本来の有給休暇取得の目的は、心身をリフレッシュし、次なる仕事への英気を養うことだからです。

そこで、買い上げすることを理由にして、有給休暇取得の足止めや、自主的に休暇取得の抑制が起きてしまうと、有給休暇取得の本来の目的が達成されない可能性が高くなります。

ただし、例外的にも買い上げは認められないのかというと、そういうわけではありません。次の３パターンに該当すれば、有給休暇の買い上げは違法とはなりません。

①退職のために有給休暇を取得できず、事実上消滅することが明らかな分
②有給休暇の２年の取得時効の消滅を超えて蓄積されている分
③法律上、最低基準の有給休暇の上乗せ分（たとえば、法律上10日の付与で足りるところ、12日付与した場合の２日分）

もちろん、会社に対して有給休暇の買い上げの打診をすること自体は問題ありませんが、会社の過去の実績も無視できません。

具体的には、そもそも買い上げを行なってきたのか、仮に行なってきたのであれば、どの程度の日数を買い上げていたのかです。

会社側の意識としては、一度認めてしまうとその後も継続的に申し出があることを懸念し、仮に数日程度を買い上げたとしても、積極的に口外しないようお達しがあることが少なくありません。

また、有給休暇の取得に関することは、労働者目線でも賃金と並び興味の対象の上位に位置するものですから、多くの場合、いずれは他の社員にも知れわたることにはなります。

なお、会社側の買い上げ不可との対応に不服があり、労働基準監督署に相談したとしても、この件については、法律条文に(買い上げを認めるような)規定がないだけでなく、買い上げは本来の趣旨から脱却することとなるので、望む結果につながることは少ないです。

一方で、買い上げが行なわれることによって、その分、引き継ぎに時間と労力をかけられるというメリットもあるので、会社との話し合いの場をもつことがよいでしょう。

3-2　有給休暇の買い上げ日数の目安

有給休暇の買い上げはＯＫという場合、何日くらいを請求するのがベストですか？

A　統計上は、有休残日数の半分を目安にしたらよいでしょう。

有給休暇は、勤続年数が長ければ長いほど付与される日数も多くなります（ただし、年間20日が限度。前年の残日数分は翌年に繰り越されます）。したがって定年退職の場合には、残日数が多い状態で退職に至る傾向にあります。

もちろん、定期的に有休を消化していたのであれば、残日数が多いということはないのでしょうが、規模が大きな企業や勤続年数が長い人の場合、夏季休暇や永年勤続休暇など有給休暇とは別の休暇が整備されていることもあり、思いの外、有給休暇を消化していなかったということが少なくありません。

ただし、令和元（2019）年４月１日以降は、企業規模を問わず、年10日以上の有給休暇が付与されている人に対しては、付与された日から**１年以内に５日の取得義務**が法律で課されていますので、理論上はまったく有休を取得できなかったということはないはずです。

病気療養等で定期的に有給休暇を消化していたようなケースを除き、日本の約99％を占める中小企業においては、すべての有給休暇を消化して退職するケースはレアケースといえます。

無論、後任者への業務の引き継ぎの確保問題も無視できず、

◎労働者1人平均年次有給休暇の取得状況◎

（単位：日）　（単位：％）

企業規模・産業・年	労働者1人平均付与日数①	労働者1人平均取得日数②	労働者1人平均取得率③
令和4年調査計	17.6	10.3	58.3
1,000人以上	18.5	11.7	63.2
300〜999人	17.8	10.2	57.5
100〜299人	17.1	9.5	55.3
30〜 99人	16.7	8.9	53.5
鉱業、採石業、砂利採取業	18.1	10.5	58.0
建設業	17.8	9.5	53.2
製造業	18.6	11.7	62.6
電気・ガス・熱供給・水道業	19.3	13.8	71.4
情報通信業	18.6	11.7	63.2
運輸業、郵便業	17.4	10.4	59.5
販売業、小売業	17.5	8.7	49.5
金融業、保険業	19.8	11.2	56.8
不動産業、物品賃貸業	17.2	9.5	55.5
学術研究、専門・技術サービス業	19.0	11.5	60.7
宿泊業、飲食サービス業	14.8	6.6	44.3
生活関連サービス業、娯楽業	15.8	8.4	53.2
教育、学習支援業	18.0	9.0	50.1
医療、福祉	16.4	9.9	60.3
複合サービス業	19.6	14.2	72.4
サービス業（他に分類されないもの）	16.0	9.8	61.3
令和3年調査計	17.9	10.1	56.6

注①「付与日数」は、繰越日数を除く。
②「取得日数」は、令和３年（または令和２年会計年度）１年間に実際に取得した日数である。
③「取得率」は、取得日数計／付与日数計×100（％）である。

（出典：厚生労働省）

また、引き継ぎが適正にできていないために、退職後に前職から問い合わせが入るほうが精神的にも時間的にも消耗が激しいと考えます。

会社目線でいうと、一度、有給休暇のすべての残日数を消化させて退職したという「実績」を残すことには慎重な姿勢を示す傾向があります（次の退職者にも同様の対応を迫られることを危惧するからです）。

もちろん、有給休暇の取得は労働者の権利であることは疑いの余地はありませんが、正常な事業運営を阻害してまで取得するとなると、会社との感情的なやりとりが発生してしまいます。

参考までに掲載した前ページの表は、厚生労働省で毎年発表している「労働者１人平均年次有給休暇の取得状況」です。令和４（2022）年の調査によると、令和３（2021）年の１年間に企業が付与した年次有給休暇日数（繰越日数を除く）の労働者１人平均は17.6日。このうち労働者が取得した１人平均日数は、業種や在籍する労働者数によってばらつきはありますが、10.3日（取得率58.3％）でした。

したがって、有休残日数の半分程度を目安にして会社に買い上げを打診することが考えられます。

3-3 退職時の有休一括請求を控える場合

定年退職時に有給休暇残日数の一括請求をしないほうがよい場合があるとしたら、それはどんな場合ですか？

A **退職後に起業して、その業務において前職との関係性を継続させたい場合には請求しないほうがいいでしょう。**

定年退職後に再雇用ではなく、**起業**（個人事業主等を含む）する場合は、よほど豊富な人脈をもっている場合を除き、前職との関係をフックに仕事を受注するということは、現実的な選択肢といえます。

前職がまったく畑違いの業種であれば、それは不可能ではないかとの反論の声もあるでしょうが、仕事の多くは人を介して生まれるものなので、前職の人間関係も大切にしておきたいところです（もちろん、解雇や劣悪な人間関係であったために退職した場合は、精神衛生上もむしろ避けるべきではあります）。

前職の人間関係であれば、すでに人となりや仕事のスキルも認識されており、**起業後の仕事の紹介にもつながりやすい**という特徴があります。

ただし、「飛ぶ鳥後を濁さず」という諺があるように、退職時のふるまいは残る者に対しても、在職中の印象を凌駕するほど印象深く残るものです。

だからといって、退職時の有給休暇一括請求自体が悪いということではありません。

言い換えると、有給休暇の残日数が多ければ多いほど（どのような働き方をしていたかは別にしても)、在職中は休みを取らず、会社に対して十分な労務提供をしてきた証拠ともなり、「最後くらいは有休を使わせてほしい」という気持ちになることは想像に難くありません。

とはいえ、人生100年時代となり、旧来よりも長く働くことが前提の社会になりつつあります。社会保険制度も、よい意味でそのような社会を前提としていると考えられる法改正が続いています。

「飛ぶ鳥後を濁さず」を念頭に判断をすると、有給休暇残日数をすべて消化して退職し、その後も前職と仕事の関係を構築したいと考えるのは(もちろん、労働者の権利である以上)、制度的には可能ですが、**感情的には(長期的な意味で)望ましい結果は得られない**と考えられます。

筆者も過去に労働者であった経験を踏まえると、退職時に有給休暇をまとめて取ることは、目立つだけでなく、悪い印象が残るでしょう。

それを避けるためには、在職中には定期的に少しずつ消化しておくことで、悪い印象を残すことなく、有給休暇も(すべては難しいにせよ)ある程度は消化できるということです。

3-4 起業した場合の失業保険

定年退職後は、元気なうちにフリーランサーに挑戦する予定です。この場合、失業保険は諦めるしかないのでしょうか？

A 雇用保険から「再就職手当」を受給できる可能性があります。これが受給できれば15万円トクするケースも。

起業して会社を設立する場合、株主の期待に応えるためにも会社を大きくしていきたい、と考える人もいるようですが、近年はそんな考え方に固執せず、ある程度自由に働きたいというニーズが増えている印象です。

そこで、定年退職後はフリーランサー等のいわゆる「**個人事業主**」となって働く人が増えていますが、その場合、「失業保険は諦めるしかないのでしょうか」という相談も増えています。

たしかに、厳密には「就職」しているわけではないものの、仕事をできる環境にあり、収入も得ているわけですから、失業保険をもらい続けることはできません。

ただし、個人事業主であっても、雇用保険から「**再就職手当**」をもらえる場合があります。

まずは、自身の自宅の最寄りのハローワークに行って、前の会社からもらった離職票を提出し、求職の申し込みをすることで失業保険の受給資格が得られます。

その後、７日の待期期間と給付制限期間（自己都合退職の場合は原則として２か月）の最初の１か月を過ぎてから開業した場合は、「再就職手当」をもらうことができるのです。

再就職手当の額は、失業保険の日額（基本手当）に、支給残日数をかけた額の約60％（早期に就職した場合は70％）です。

失業保険の日額とは、在職中、最後の６か月の給与を180で割った数字に50～80％をかけたもの（上限あり）ですから、仮に失業保険の日額が5,000円の場合で、支給残日数が50日あれば、再就職手当の額は次のとおりです。

5,000円 × 50日 × 60％ ＝ 150,000円

ただし、再就職手当を受給するには申請期限があり、原則として再就職先で働き始めた日の翌日から１か月以内です。また、再就職手当にも時効があり、再就職後２年までは猶予がありますが、申請が遅くなればなるほどもらえる時期も遅くなることは間違いありません。

なお、個人事業主となるための届出は税務署ですが、再就職手当の申請先はハローワークですので、届出先を間違えないように注意しましょう。

3-5 再就職手当が受給できない場合

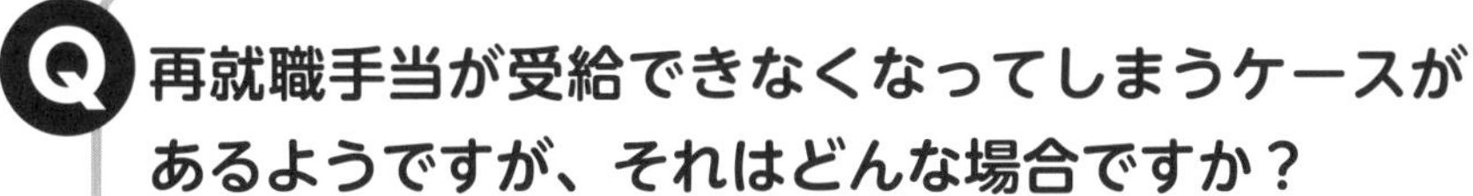

再就職手当が受給できなくなってしまうケースがあるようですが、それはどんな場合ですか？

再就職手当がもらえなくなるポイントはいくつかあり、注意が必要です。

再就職手当がもらえなくなるケースとは、以下にあげるような場合です。

【待期期間が経過する前に就職した場合】

待期期間とは、離職理由を問わず、ハローワークに求職の申し込みに行った日から７日間のことで、この期間は、失業保険をもらうことはできません。

再就職手当は、失業保険について一定の残日数がある場合にもらえるものなので、そもそも失業保険が発生する前に就職した場合は、再就職手当はもらえないということです。

【離職前の事業主に再就職した場合】

離職前の事業主に再び就職（言い換えると出戻り）するとなると、多くの場合、再就職には多くの労力を要しないために、再就職手当の対象から除かれています。

「離職前の事業主」とは、資本・賃金・人事・取引等の状況から離職前の事業主と密接な関係にある他の事業主も含まれるとされているので、注意が必要です。

【給付制限期間があり、待期期間満了後１か月以内の再就職に特定の紹介がない場合】

特定の紹介とは、ハローワークや厚生労働大臣から許可を受けている職業紹介事業者の紹介のことです。給付制限期間があり、待期期間満了後１か月以内に再就職する場合は、この特定の紹介がなければ、再就職手当をもらうことはできません。

【あらかじめ雇用を約束していた事業主へ就職した場合】

このルールは、不正防止の観点から設けられています。

あらかじめ雇用を約束していた事業主に再就職する場合は、再就職にかかる労力がほぼないといっても過言ではなく、すでに再就職が決まっていたにも関わらず再就職手当の申請をすることを防ぐ意味で、手当支給の対象外となっています。

【退職後３年以内の再就職で、再就職手当または常用就職支度手当を受けている場合】

「常用就職支度手当」とは、失業保険の受給資格者や日雇受給資格者等であって、身体障害者その他就職が困難な人の常用就職を促進することを目的として、安定した職業に就いた場合にもらえる手当のことです。

退職後３年以内に、再就職手当や常用就職支度手当の受給歴がある場合には、再就職手当をもらうことはできません。

他にも、ハローワークの審査によって給付対象外となる可能性もありますが、失業保険の支給残日数が３分の１以上残っていることも支給されるルールとして存在します。したがって、３分の１を下回った状態では、上記にあげたルールに抵触していなくても、再就職手当はもらえないということです。

3-6 再就職手当を受給するデメリット

再就職手当はもらいたいところですが、受給することで生じるデメリット、たとえば税金が増えるなどはありますか？

A 税金は非課税ですが、「失業保険」がもらえなくなります。

再就職手当は、失業保険と同様に非課税なので、直接的に税金が増えるということはありません。

ただし、健康保険上の「被扶養者」として適用になるかどうかの年収要件には年収として含まれます（健康保険組合によっては異なる解釈をする場合もあるため、再就職先に要確認です）。

したがって、税金と社会保険（健康保険）は分けて考える必要がありますが、再就職する場合の健康保険の選択肢として（☞38ページ）、全員が被扶養者と認められる年収基準の範囲内で働くというわけではないので、社会保険に関するデメリットは限定的ともいえます。

この相談事例のデメリットとしてあげるとすると、それは「**失業保険がもらえなくなる**」ことです。

そもそも再就職手当は、安定した職業に就いた人に対して失業保険の残日数が３分の１以上残っている受給資格者に対して支払われるものです。

すなわち、「残りの失業保険」を「再就職手当」としてもらえるということなので、至極当然の話ではありますが、再就職手当の受給後は、失業保険はもらえなくなります。

再就職手当の計算式は以下のとおりです。

●**基本手当の支給残日数が所定給付日数の３分の２以上の人**

所定給付日数の支給残日数×70%
×基本手当日額（一定の上限あり）

●**基本手当の支給残日数が所定給付日数の３分の１以上の人**

所定給付日数の支給残日数×60%
×基本手当日額（一定の上限あり）

つまり、失業保険（基本手当）の支給残日数に対して60〜70%をかけることから、「再就職手当」単体で「失業保険」としてもらえる額を上回ることはありません。あくまでも再就職手当は、再就職にかかるお祝い金という考え方です。

となると、再就職せずに、非課税給付である失業保険をもらい続けるほうがよいのでは、という考え方もありますが、その場合は労働収入（会社によっては賞与や定期昇給もあります）が入ってこないことになります。

また、再就職先の賃金が低い場合には、雇用保険から「**就業促進定着手当**」という給付金も整備されており、国をあげて再就職に対するバックアップ体制が整備されていますので、これらの手当を活用できるチャンスがある場合は積極的に活用しましょう。

ちなみに、「就業促進定着手当」とは、再就職手当をもらった人が引き続き、当該再就職先に６か月以上雇用され、かつ、再就職先で６か月の間に受けた賃金の１日分の額が、失業保険の給付を受ける離職前の賃金の１日分の額に比べて低下している場合に受給できる手当です。

3-7 再雇用後の高年齢雇用継続給付

定年後も再雇用で働いていますが、定年前より給与が下がっています。何か補填される給付金のようなものはないのでしょうか？

A 「高年齢雇用継続基本給付金」が受給できます。

定年後に退職することなく、再雇用で働くという場合、賃金は定年前よりも下がってしまうことが多いでしょう。その場合、失業保険や再就職手当をもらうことができないので、失業保険（再就職手当等、失業保険を支給したとみなされる給付金を含む）をもらっていない人を対象とする給付金制度があります。

原則として60歳時点での賃金と比較して、60歳以後の賃金が60歳時点の賃金の75％未満となっている場合で、次の２つの要件を満たしている人が対象です。

①60歳以上65歳未満の雇用保険の一般被保険者
②雇用保険の被保険者であった期間が５年以上ある

この要件を満たす給付金を「**高年齢雇用継続基本給付金**」といい、65歳になる月までもらえますが、各暦月の１日から末日までは雇用保険の被保険者でなければなりません。また、他にも次の要件を満たしておく必要もあります。

①支払われた賃金が、60歳到達時点での賃金の75％未満に低下していること

②支払われた賃金額が、支給限度額（毎年８月に改定）未満であること
③申請後に算出された基本給付金の額が、最低限度額（毎年８月に改定）を超えていること
④支給対象月の全期間において育児休業給付または介護休業給付の支給対象となっていないこと

高年齢雇用継続基本給付金の支給率は下表のとおりです。賃金の低下率に応じて支給率が決められており、実際に支給される賃金に対して、支給率をかけて給付金が支払われます。

【低下率】

各月に支払われる賃金額／60歳到達時点の賃金月額×100

【支給額】

各月に支払われる賃金額×支給率×100分の１

賃金の低下率	支給率	賃金の低下率	支給率	賃金の低下率	支給率
75%以上	0.00%	70.0%	4.67%	65.0%	10.05%
74.5%	0.44%	69.5%	5.17%	64.5%	10.64%
74.0%	0.88%	69.0%	5.68%	64.0%	11.23%
73.5%	1.33%	68.5%	6.20%	63.5%	11.84%
73.0%	1.79%	68.0%	6.73%	63.0%	12.45%
72.5%	2.25%	67.5%	7.26%	62.5%	13.07%
72.0%	2.72%	67.0%	7.80%	62.0%	13.70%
71.5%	3.20%	66.5%	8.35%	61.5%	14.35%
71.0%	3.68%	66.0%	8.91%	61%以下	15.00%
70.5%	4.17%	65.5%	9.48%		

申請は、２か月に一度、ハローワークから指定された月（偶数月または奇数月）に会社を通して行ないます（本人が希望する場合は本人申請も可能）。

ただし、将来的には上限である支給率の15％を10％に縮小させる改正が予定されています（令和７（2025）年４月１日施行）。

3-8 高年齢雇用継続基本給付金の不支給

高年齢雇用継続基本給付金を受給していますが、ある月だけハローワークから給付されませんでした。これは、何が影響したのでしょうか？

残業代が影響していることが考えられます。

実務上、筆者も、「いままで高年齢雇用継続基本給付金が給付されていたのに、なぜか今月は給付されなかった」という相談を受けることがあります。

この場合、たまたまその月に**残業代**が多く支給されてしまったために、給付対象外になったというケースが多いです。つまり、101ページにあげた受給要件の①「支払われた賃金が、60歳到達時時点での賃金の75％未満に低下していること」を満たさなかったということです。

残業代も、雇用保険の世界では賃金として扱われるので、たとえば特定の月（多くの場合は繁忙月）に残業代が多く出てしまったために、高年齢雇用継続基本給付金が支給されなかったというケースは少なくありません。

他方で、会社によっては**通勤手当**が６か月相当分の定期代として支給されることもあります。その場合は、会社の便宜上の支給形態であり、言い換えると通勤手当の「前払い」に過ぎないので、ハローワークへの届出は各月に按分して行なうため、残業代のケースとは異なり、「６か月定期代」が支払われた「その月」のみに直接的に影響を与えるということはありません。

ただし、通勤手当については、税法上は一定額まで非課税であるものの、雇用保険の世界では残業代と同様に賃金として扱われます。したがってたとえば、転居によって遠方から通勤するようになったために、高年齢雇用継続基本給付金が支給されなくなった、あるいは支給額が少なくなったということはあり得ます。

「**最低賃金**」の上昇によって給与体系の見直しが行なわれた場合も、前述と同様です。

最低賃金は、毎年10月に見直しが行なわれ、近年は右肩上がりに上昇している状況です。最低賃金は、労務を提供する事業所の属する都道府県の地域別最低賃金が適用されます（業種によっては産業別最低賃金もあります）。

一方、高年齢雇用継続基本給付金は日本全国共通の金額です。

また、最低賃金に関わらず、手当の新設や制度上のベースアップなどによって給与額が上昇した場合も、同様の不支給が起きることが考えられます。

なお、副業先等、雇用保険に加入している会社以外からの収入については、あくまでも雇用保険の資格を取得している雇用関係先（本業先）から支払われる賃金によって支給可否の判断をすべきとされており、仮に雇用保険に加入していない副業先からの賃金があっても、それは高年齢雇用継続基本給付金が受給できるかどうかの対象となる賃金には含まれません。

ただし、出向契約にもとづき２か所以上から賃金が支払われる場合は、双方を含めて支給可否の判断をすることとなります。

3-9 高年齢雇用継続基本給付金と年金

高年齢雇用継続基本給付金をもらった場合、年金に影響はないのですか？

A 65歳前にもらえる「特別支給の老齢厚生年金」には影響があります。

結論からいうと、「厚生年金保険の被保険者」であり、「特別支給の老齢厚生年金」をもらっている場合で、高年齢雇用継続基本給付金ももらえるときは、在職老齢年金による年金のカットだけでなく、**高年齢雇用継続基本給付金によって年金の一部がカット**されます。

カットされる年金額は、最高で標準報酬月額の６％です。

注意しておきたいのは、初回の高年齢雇用継続基本給付金の支給申請が認められた場合、その後に高年齢雇用継続基本給付金の支給申請を行なわなかった場合であっても、現在の運用では、**高年齢雇用継続基本給付金の支給申請が継続している間**は、次の場合を除いて老齢年金のカットが解除されないこととなっている点です。

①退職あるいは社会保険の資格を喪失したとき
②65歳に到達したとき
③高年齢雇用継続基本給付金の支給を行なわなかった月以後に不支給決定等の情報が日本年金機構に提供されたとき

上記のいずれかに該当した場合は、年金のカットが遡って解除され、高年齢雇用継続基本給付金の支給申請を行なわなかった期間の老齢年金が支払われることとなります。

ただし、「在職老齢年金でのカットに加えて」最高で標準報酬月額の６％が特別支給の老齢厚生年金からカットされるということに注意しなければなりません。

あくまでもカットの対象となるのは、特別支給の老齢厚生年金なので、障害年金や遺族年金をもらっている場合は、これらはカットの対象にはなりません。

年金には、「**１人１年金の原則**」という考え方があり、複数の年金をもらえる場合は、どの年金をもらうのか選択しなければなりません。

この選択は一度しか認められないということではなく、届出をした翌月から選択した年金をもらうことができます。

複数の年金をもらえる場合にどの年金を選択するかについては、多くの場合、受給額が多いほうを選択するか、所得税課税の可否（老齢年金は課税、障害年金・遺族年金は非課税）、在職老齢年金や雇用保険との調整などを勘案して判断することとなります。

ただし、健康保険で親族の扶養に入っている（親族の被扶養者になっている）場合は、非課税である障害年金・遺族年金であっても、社会保険上の収入には含まれますので注意が必要です。

3-10 年金がカットされるしくみ

Q 先輩は「働けば働くほど年金がカットされる」と嘆いています。これはどうしようもないのでしょうか？

A 厚生年金に加入していない事業所からの賃金なら、年金カットとは関係ありません。

先輩が嘆いている「働くほど年金がカットされる」とは、厚生年金保険法に規定されている「**在職老齢年金**」制度のことと考えられます。

「**厚生年金の適用事業所**」において受ける「報酬（賞与を含む)」と年金の合計額が月額48万円（令和５（2023）年度）を超えた場合には、超えた部分の半分の年金がカットされるという制度です。賞与については、「その月以前１年間の標準賞与額」が対象となります。

言い換えると、**厚生年金に加入していない副業先やフリーランサーとしての収入**は、在職老齢年金制度で調整対象となる「報酬」には該当しないので、仮に副業収入だけで50万円あったとしても、老齢厚生年金がカットされることはありません。

先輩の年金がカットされている理由を推察すると、定年後も再雇用契約で一定の職責を担っているために、定年後も継続して社会保険にも加入しているからだと考えられます。

いうまでもなく、厚生年金の被保険者であれば、会社から受ける報酬は、在職老齢年金制度の対象です。

また、厚生年金は70歳で資格喪失となります（健康保険は75歳以降、後期高齢者医療制度に移行)。しかし、70歳以降も同一事業所で継続して就労する場合は、「被保険者」から「**被用者**」という形に区分は変更されますが、**引き続き在職老齢年金制度の対象**となるのです。

したがって、定年後に再雇用であっても厚生年金に加入しない程度の就労であれば、そもそも在職老齢年金制度の対象にはなりません（その分、労働収入は減ると考えられますが）。

また、定年後に再雇用で引き続き厚生年金に加入する場合であっても、あくまでも「報酬（賞与を含む）」と「年金」の合計額が48万円（令和５（2023）年度）を超えない程度の雇用契約であれば、年金カットはされません。

そのために、あらかじめ年金事務所に出向き、どの程度の報酬であればカットされないのかを相談するということも選択肢の１つです。

注意しておきたいのは、決算賞与などが出た場合はその賞与も年金との調整対象である報酬に含まれる、ということです。つまり、賞与をもらえることは間違いなくありがたい話ではありますが、賞与が原因で年金がカットされてしまったということもあり得るわけです。

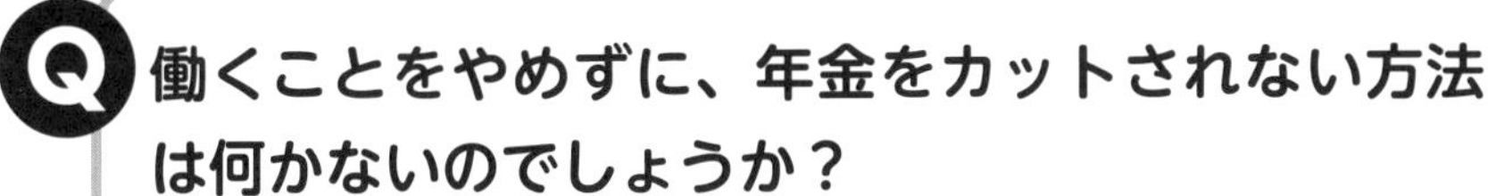

3-11 年金をカットされない方法

働くことをやめずに、年金をカットされない方法は何かないのでしょうか？

A 働くことを継続しつつ年金をカットされないためには、3つの選択肢があります。

「働くことをやめずに」ということであれば、次の３通りの選択肢が考えられます（働くことをやめる場合は、その翌月から在職老齢年金制度の対象ではなくなります）。

①契約内容の見直し（再雇用の場合）
②転　職
③起業等（フリーランスを含む）

では、それぞれについて詳しく見ていきましょう。

①契約内容の見直し（再雇用の場合）

定年後に、年齢が70歳未満までを前提に話を進めると、次の２つの要件のいずれも満たす場合には、社会保険の加入対象者となります。

- １週間の所定労働時間が正社員の４分の３以上
- １か月の所定労働日数が正社員の４分の３以上

仮に、あなたの会社の正社員の所定労働時間が週40時間であり、月に20日勤務とします。この場合、週に32時間かつ月に16日の勤務で労働契約を締結すると、社会保険の加入対象者になるということです。

この労働契約を見直して社会保険の加入対象者に該当しなくなれば、在職老齢年金制度の対象外ともなりますので、年金カットはされなくなります。

一方で、平成28（2016）年10月１日以降、「社会保険の適用拡大」が進められており、以下の５つのすべての要件を満たす場合にも、本人の意思を問わず、社会保険の加入対象者となります。

①被保険者の総数が101人以上（令和６（2024）年10月からは51人以上）
②週の所定労働時間が20時間以上であること
③賃金が月額８万8,000円以上であること
④雇用期間が２か月を超える見込みであること
⑤学生でないこと

①については、今後も社会保険加入対象となる企業が拡大していくということです。

上記の「５要件」をすべて満たす場合、社会保険には強制加入となります。社会保険には逆選択（入るか入らないかを選ぶ）が許されず、要件を満たす場合には加入が義務となります。

したがって、在職老齢年金制度の対象（年金カットの対象）とはなりますが、「適用拡大」によって社会保険に加入となる場合には、「報酬（賞与を含む）」と「年金」の合計額が月48万円（令和５（2023）年度）に達するとは想定し難いです。

②転　職

転職先も社会保険の適用事業所（法人の場合は例外なく適用事業所となります）であれば、①と同様の理屈です。

転職しても、在職老齢年金制度の適用がなくなるわけではありませんので、どの程度働くことで月「48万円」に達してしまうか（逆にいえば、どの程度の働き方なら48万円に達しないか）を勘案して、年金カットにならない労働契約を結ぶという考え方があります。

③起業等（フリーランスを含む）

定年退職後に起業を志し、たとえば、法人企業を設立した場合には、会社からの報酬がまったくない場合を除き、社会保険の加入対象となるので、在職老齢年金制度の対象になり、年金カットの対象にもなります。

しかし、起業当初から高額な役員報酬を設定するということでなければ、報酬と年金を合わせて月「48万円」に達することは想定し難いです。

なお、純粋なフリーランス（個人事業者）の場合は、社会保険には加入できません。医療保険（健康保険）は国民健康保険や家族の扶養に入るなどが選択肢となり、年金は国民年金です。

したがって、在職老齢年金制度の対象にはなりませんから、年金カットもされません。

3-12 年金がカットされる給与水準

年金事務所で年金がカットされない給与水準を教えてもらい、それ以下の給与額にしていたはずですが、年金がカットされてしまいました。何が影響しているのでしょうか？

A 年金カットの理由には、賞与の支給、あるいは基準額の改定が考えられます。

まず考えられることは、**賞与**が支払われたことです。

在職老齢年金がカットの対象となるかどうかの計算をする場合の「**報酬**」には、標準報酬月額だけでなく、「その月以前１年間の標準賞与額の合計÷12」も含まれます。

標準賞与額とは、支払われた賞与の税引き前の額から1,000円未満を切り捨てた額のことを指します。また、労働の対価として、年３回以下支払われるものも標準賞与額の対象になります。

年金事務所の助言を勘案して給与設計したにも関わらず、年金がカットされたとなると、賞与の影響が考えられます。

「その月以前１年間」の賞与支給実績が「報酬」額の対象となるので、決算賞与や業績賞与が出た場合には、その分も報酬に含められます。

したがって、場合によってはこれらの賞与額が起因して、年金がカットされたということが考えられます。

年金がカットされるもう１つの理由としては、カットの水準となる「48万円」という金額は、あくまで令和５（2023）年度の基準であり、令和４（2022）年度は47万円でした。

この基準額は年度ごとに決定され、今後は「48万円」が「47万円」に改正されることもあり得ます。その場合は、年金カットの対象となる水準が下がるため、理論上、カットの対象者が増えることを意味します。

基準額の改定は、原則として４月に行なわれますので、６月15日に支払われる年金から、新たな基準額を勘案した年金の支給が始まります。

なぜなら、年金は偶数月の15日（その日が休日の場合はその前日）に「前月までの２か月分」が支払われるので、６月15日に支払われる年金は４月分と５月分であり、４月15日に支払われる年金は２月分と３月分にあたるからです。

したがって、令和５（2023）年度は基準額が引き上げられたので、ご質問のケースの回答にはなりませんが、今後、この基準額が引き下げられる改定があったケースに該当した場合には、６月に支払われる年金がカットされる可能性があるということになります。

3-13 再雇用後の労働時間

残りの人生を考えると、仕事一辺倒は避けたいと考えています。その場合、1日何時間くらい労働する契約で働くのがよいのでしょうか？

労働時間だけでなく、業務内容や家族との残された時間も考慮しましょう。

労働基準法では、**法定労働時間**（1日8時間、週40時間）が決められていますが、各会社が独自に設定できるのが「**所定労働時間**」です。

一般的に、会社で最も長い所定労働時間で働いているのは正社員でしょう。

一方で日本の法律では、一部の業種を除き、定年は60歳以上でなければならず、60歳から65歳までは**本人が希望すればその全員を雇用することが義務づけ**られています。

ただし、必ず正社員と同じ労働時間を働かなければならないわけではなく、健康状態、家族との残された時間、今後の生活設計を総合的に考慮して決めることが可能です。

そして、65歳から70歳までについては、就業機会の確保措置が「**努力義務**」として規定されており、会社には以下の選択肢があります。

①70歳までの定年引き上げ
②定年の廃止
③70歳までの継続雇用制度（たとえば、再雇用制度や勤務延長制度）の導入

④70歳まで業務委託契約を締結する制度の導入
⑤70歳まで以下の事業に従事できる制度の導入
●事業主が自ら実施する社会貢献事業
●事業主が委託、出資（資金提供）等する団体が行なう社会貢献事業

60歳以降について整理すると、60歳から65歳までは、会社として希望する人全員を雇用する義務があるものの、どの程度働くかは労働者自身が決めることができます。そして、65歳から70歳までは、会社は努力義務として就労の機会を与えるように努めなければならないということです。

60歳から65歳の間は、原則的な年金受給開始年齢が65歳ということもあり、仮に60歳定年後は**老齢年金の繰り上げ請求**をしない限り、（他に不動産収入などがない場合は）固定的な収入源がなくなります。

したがって再雇用後は、正社員よりも短い時間で働くか、あるいは、定年によって責任の程度が移譲されて余裕が生まれるので、正社員のときと同じ時間を働くという人も散見されます。

仕事は社会的なつながりを感じられるものであり、仕事を通じて社会に貢献することで、「自身が必要とされていることを実感できる」などのメリットもあります。

なお、今後は現役世代が減少していくことに伴い、「潜在労働力」といわれる女性と高年齢者が活躍できる基盤が整えられるよう、各種法改正が進められています。

3-14 労働時間短縮によるデメリット

Q 再雇用で働く時間を短くすると、どのようなデメリットが生じますか？

A 会社の社会保険や雇用保険に、加入できない可能性があります。

まず、**社会保険**に着目すると、再雇用の場合には正社員の「4分の3以上」働くと、本人の意思を問わず社会保険の加入対象者となります。具体的には、次の2つの要件をいずれも満たしている場合です。

- 1週間の所定労働時間が正社員の4分の3以上
- 1か月の所定労働日数が正社員の4分の3以上

この要件は、109ページでも紹介しましたが、労働時間を短縮することによってこの要件を満たさなくなると、会社の社会保険には加入できません。

そうなると、自身で国民健康保険に加入しなければなりませんが、会社の社会保険に加入できれば保険料の半額は会社負担でした。しかし、国民健康保険だと保険料は全額、本人負担となります（家族の被扶養者となることを選択すれば保険料の負担はありません）。

また、これも110ページで紹介しましたが、「社会保険の適用拡大」によって、以下の5つのすべての要件を満たす場合にも、本人の意思を問わず、社会保険の加入対象者となります。

①被保険者の総数が101人以上（令和６（2024）年10月からは51人以上）
②週の所定労働時間が20時間以上であること
③賃金の月額８万8,000円以上であること
④雇用期間が２か月を超える見込みであること
⑤学生でないこと

つまり、上記要件の１つでも満たさなければ、社会保険の加入対象者にはならないということです。

ただし、後述する雇用保険とは異なり、厚生年金は70歳で資格を喪失し、健康保険は75歳以降、後期高齢者医療制度へ移行します。

次に**雇用保険**ですが、１週間の所定労働時間が20時間以上であり、かつ、31日以上の雇用見込みがあれば、社会保険とは異なり、年齢を問わず雇用保険の加入対象となります。

この要件を満たさなければ雇用保険には加入できないので、労働時間短縮により生じるデメリットといえるでしょう。

ここで注意しておきたいのは、令和４（2022）年１月１日より「**マルチジョブホルダー制度**」が施行され、65歳以上の人については、たとえば２つの事業所で勤務する場合であっても、２つの事業所での勤務を合計して次ページにあげた要件をすべて満たす場合には、「本人からハローワークに申し出」を行なうことで、申し出を行なった日から特例的に「**マルチ高年齢被保険者**」として雇用保険に加入できるようなりました。

①複数の事業所に雇用される65歳以上の労働者である
②２つの事業所（１つの事業所における１週間の所定労働時間は５時間以上20時間未満）の労働時間を合計して、１週間の所定労働時間が20時間以上である
③２つの事業所のそれぞれの雇用見込みが31日以上である

このマルチジョブホルダー制度の利用で注意が必要なのは、あくまでも本人の申し出によってハローワークで手続きをする必要があるということです。ただし、申し出を行なった日から「マルチ高年齢被保険者」となるため、遡及してこの制度に加入することはできません。

なお、労災保険については、雇用形態を問わず、加入対象となります。

社会保険も雇用保険も加入することが再雇用後のメリットであるとして説明してきましたが、原則として、社会保険も雇用保険もまずは契約内容から加入可否が判断されます。

ただし、契約内容と実態が継続的に乖離している（契約内容が実態に合っていない）場合には、実態を勘案したうえで、場合によっては資格喪失することになります。

3-15 労働時間短縮の意義

再雇用後に働く時間を短くしても、なくならない権利があるとしたらそれは何ですか？

安全に働くことができる環境等の権利はなくなりません。

再雇用後の雇用形態が業務委託ではないことを前提にすると、再雇用等の「雇用契約」の場合には、労働時間数に関わりなく、会社には「**安全配慮義務**」があります。

安全配慮義務とは、労働契約に伴い、労働者自身が生命、身体等の安全を確保しながら働くことができるように会社として必要な配慮をしなければならないということです。

定年後ということであれば、業務に関しては経験に裏打ちされた相当な知識があるものの、反射神経の衰え等が引き金となり、労災事故が起こりやすいとの指摘があります。

通勤災害については、会社の管理下を外れており、これに配慮することはできませんが、業務災害については、現実的に会社として必要な配慮ができますし、むしろ配慮しなければなりません。

実際に労災事故が起きた場合には、安全配慮義務とは別に、労災請求にあたって会社として被災労働者の労災申請に向けての助力義務（特に手続き面）があります。

この会社の安全配慮義務は、再雇用後に労働時間を短縮しても、受けられる権利ということがいえるでしょう。

一方で、労働者としては「**自己保健義務**」について留意しなければなりません。

自己保健義務とは、労働者が自身の健康管理に努め、ひいては安全に労働力を提供できるように行動する義務です。

会社としては、安全配慮義務があるものの、労働者の日常生活等によっては安全配慮義務の履行が難しくなることもありますので、双方が権利を主張するだけでなく、義務の履行に努めることが良好な労使関係になるということです。

最後に、労働者には**就労請求権**がありません。

就労請求権とは、「労働契約の存在」を理由に労働者が働けることを求める権利のことです。

会社はこの権利に対して、必要な指揮命令を与えながらも、現実に労働を実現させる義務を負うのかという問題があります。

結論としては、労働者は就労請求権を有しないとされています。その理由としては、労働義務は「義務」であっても、「権利」ではないと解されているためです。

定年退職前だからこそできる、家族に残してあげられるもの

介護休業給付金や
高額療養費制度、世帯分離
などについて知って
おきましょう。

4-1 介護休業制度の活用

在職中から親の介護が始まっており、頻繁に会社を休んでいるため居心地が悪くなっています。この場合、仕事をやめるしかないのでしょうか？

A 法律で認められている介護休業制度を活用しましょう。

わが国には、一定の家族を介護する労働者が、法律にもとづいて休業することができる「**介護休業**」制度が整備されています。

一般的に、会社の雇用形態は「**正社員**」と「**非正規社員**」の２つ分けられます。

まず、「正社員」であれば極端な話、転職後であっても介護休業を取ることができます。

一方、アルバイトなど、雇用期間に有期的な定めのある「非正規社員」の場合は、介護休業開始日から93日を経過する日から６か月を経過する日までに契約期間が満了し、更新されないことが明らかな場合には、介護休業を取ることはできません。

しかし、会社と取り交わしている労働条件通知書や雇用契約書に「更新する場合がある」などの記載があれば、「更新されないことが明らか」とはなりませんので、介護休業を取ることができます。

また、労働者と会社との間で締結される「**労使協定**」によって、入社１年未満の人や、介護休業申し出の日から93日以内に雇用期間が終了する人、１週間の所定労働日数が２日以下の人などを介護休業取得対象者から除外している場合もあるので、事前に確認しておくことが望まれます。

もちろん、介護休業について「権利として認められているから取らせてほしい」という考え方は間違ってはいません。

しかし、請求された会社としては、あまりよい気持ちがしないかもしれませんし、介護休業は育児休業と比べて十分に認知されていないことも少なくないので、まずは「相談したいことがある」という形で、介護休業取得を打診するほうが双方にとってマイナスは少ないと考えます。

なお、介護休業は「労働者」が権利として活用できる制度なので、定年退職を契機に業務委託契約を締結した場合には、「労働者」ではなくなるため、介護休業を取得できる対象者でもなくなります。したがって、働き方を変える場合には、その点も考慮して検討しましょう。

4-2 介護休業給付金の受給

現在の会社で介護休業給付金を受給しています。実は、面接している新たな転職予定先があるのですが、そこでは介護休業給付金は受給できなくなりますか？

A 通算して93日、3回までなら受給可能です。

まず、法律上、会社には介護休業期間中の給与支払い義務はありませんので、一般的には無給となります。

ただし、雇用保険に加入している人であれば、介護休業開始前２年間に、給与の支払い対象となった日数が11日以上ある月が12か月以上ある場合には、雇用保険から「**介護休業給付金**」をもらうことができます。

これは非課税給付なので、税金は発生しません。

では、この介護休業給付金は、転職前後を通じて継続してもらえるのかという疑問が生じるでしょう。転職前の会社で介護休業給付金をもらっており、その受給途中で再就職した場合に、転職先でも介護休業給付金をもらえるのかという問題です。

たとえば、転職前に実母のために介護休業を取っており、転職先でも実母の介護をするという場合には、再就職前から「通算して93日、３回」まで、介護休業給付金を申請することができます。

また、介護休業は「**要介護状態**」にある対象家族を介護する

◎常時介護を必要とする状態に関する判断基準◎

項目＼状態	1 (注1)	2 (注2)	3
①座位保持（10分間1人で座っていることができる）	自分で可	支えてもらえばできる (注3)	できない
②歩行（立ち止まらず、座り込まずに5m程度歩くことができる）	つかまらないでできる	何かにつかまればできる	できない
③移乗（ベッドと車いす、車いすと便座の間を移るなどの乗り移りの動作）	自分で可	一部介助、見守り等が必要	全面的介助が必要
④水分・食事摂取 (注4)	自分で可	一部介助、見守り等が必要	全面的介助が必要
⑤排泄	自分で可	一部介助、見守り等が必要	全面的介助が必要
⑥衣類の着脱	自分で可	一部介助、見守り等が必要	全面的介助が必要
⑦意思の伝達	できる	ときどきできない	できない
⑧外出すると戻れない	ない	ときどきある	ほとんど毎回ある
⑨物を壊したり衣類を破くことがある	ない	ときどきある	ほとんど毎日ある (注5)
⑩周囲の者が何らかの対応をとらなければならないほどの物忘れがある	ない	ときどきある	ほとんど毎日ある
⑪薬の内服	自分で可	一部介助、見守り等が必要	全面的介助が必要
⑫日常の意思決定 (注6)	できる	本人に関する重要な意思決定はできない (注7)	ほとんどできない

（注１）各項目の１の状態中、「自分で可」には、福祉用具を使ったり、自分の手で支えて自分でできる場合も含む。
（注２）各項目の２の状態中、「見守り等」とは、常時の付き添いの必要がある「見守り」や、認知症高齢者等の場合に必要な行為の「確認」、「指示」、「声かけ」等のことである。
（注３）「①座位保持」の「支えてもらえばできる」には、背もたれがあれば１人で座っていることができる場合も含む。
（注４）「④水分・食事摂取」の「見守り等」には、動作を見守ることや、摂取する量の過小・過多の判断を支援する声かけを含む。
（注５）⑨３の状態（「物を壊したり衣類を破くことがほとんど毎日ある」）には、「自分や他人を傷つけることがときどきある」状態を含む。
（注６）「⑫日常の意思決定」とは、毎日の暮らしにおける活動に関して意思決定ができる能力をいう。
（注７）慣れ親しんだ日常生活に関する事項（見たいテレビ番組やその日の献立等）に関する意思決定はできるが、本人に関する重要な決定への合意等（ケアプランの作成への参加、治療方針への合意等）には、指示や支援を必要とすることをいう。

（出典：厚生労働省）

ための休業と定義されており、「２週間以上の期間にわたり常時介護を必要とする状態」とされています。

実務上は、**対象家族が「要介護２以上であること」**とされていますが、要介護２に達していなかったら、例外なく介護休業が取れないということではありません。

たとえば、実父が自宅の玄関で頭から転倒して、骨折やその他の負傷によって入院してしまった場合、要介護認定の申請をすることよりも入院療養を優先すべきことは明らかなので、介護休業を申請するときは、要介護認定の審査前ということも考えられます。

そのような状況下にも関わらず、「要介護２」に達していないために介護休業を取れないとなったのでは、制度に対して不信感がでてきます。

そこで、前ページの表の①〜⑫のうち、状態「２」が２つ以上、または状態「３」が１つ以上該当し、その状態が継続する場合には、介護休業を取得することができます。

4-3 介護休業給付金の注意点

Q わたしたち兄弟姉妹は、順番で実母の介護をして介護休業も取っています。この場合、兄弟姉妹がそれぞれ、介護休業給付金をもらうことはできるのですか？

兄弟姉妹すべてが雇用保険被保険者であり、要件を満たしていればそれぞれが受給することは可能です。

同じ対象家族（たとえば親）に対して、複数（たとえば兄弟姉妹）の雇用保険被保険者が同時に介護休業を取ったとしても、**それぞれが要件を満たしていれば**、それぞれが介護休業給付金をもらうことはできます。

考えられるケースとしては、兄が病気がちのため、姉が主として親の介護を担っていたものの、段々と仕事との両立が難しくなり、弟と妹も交互に介護休業を取って介護にあたることになったというケースです。

兄弟姉妹はそれぞれ別の会社に勤務しており、それぞれ雇用保険に加入している場合は、それぞれが給付の対象となります。

ただし、雇用保険は「労働者」が加入できる公的保険であるため、経営者（たとえば代表取締役）は雇用保険には加入できません。

また、注意しなければならないのは、同じ対象家族（質問のケースでは実母）に対して93日分の介護休業給付金をもらった場合には、要介護状態が変わったために再び介護休業を取ったとしても、再度、介護休業給付金をもらうことはできません。

さらに、介護休業給付金をもらうには、介護休業開始前２年間に、給与の支払い対象となった日数が11日以上ある月が12か月以上必要なことにも注意が必要です。月給制の正社員の場合は、よほど欠勤等が頻発しない限りは、給与の支払い対象となった日数が11日を下回るということは考え難いです。

しかし、雇用形態がパートやアルバイトの場合、そもそもシフトによって出勤が週に３日程度ということであれば（仮に１日７時間勤務×週３日＝週21時間で契約）、雇用保険には加入していても、欠勤等があったために11日を下回る月がある場合には、その月はカウントできないので、要件を満たすまで過去に遡っていく必要があります。

ただし、欠勤等と同じく労務提供がない「有給休暇」を取得した場合は、賃金が発生しているので、有休日は働いた日とみなされ、「11日」基準に含めて判断します。

なお、介護休業中に給与が支払われた場合は、以下のように介護休業給付金が減額または支給されなくなることがあります。

１支給単位期間において、休業開始時賃金日額（※１）×支給日数（※２）の80％以上の賃金が支払われている場合は、介護休業給付の支給額は、０円となります。また、80％に満たない場合でも、収入額に応じて支給額が減額される場合があります。

（※１）休業開始時賃金日額は、原則として、介護休業開始前６か月間の総支給額（保険料が控除される前の金額。賞与は除く）を180で除した額です。

（※２）１支給単位期間の支給日数は、原則として30日（ただし、介護休業終了日を含む支給単位期間については、その介護休業終了日までの期間）となります。

よくある相談事例としては、リモートワークなど**在宅勤務**の場合です。

在宅勤務は、働く場所が会社から自宅に変わっただけであり、休業ではなく、働いていることには変わりがないので、介護休業給付金の対象となる「介護休業」には該当しません。

4-4 健康保険の被扶養者と高額療養費制度

親を私の健康保険の被扶養者とすることにしましたが、何かデメリットはありますか？

高額療養費制度の適用について考える必要があります。

健康保険の被扶養者となることの最大のメリットは、本来毎月支払う必要がある健康保険料を、**被扶養者は払わなくてよくなることです**。

健康保険料は、たとえ病院にまったくかかることがなくても、毎月固定的に発生するものです。

ただし、健康保険の被扶養者となるためには、まず下図にあげた三親等の親族に該当する必要があります。

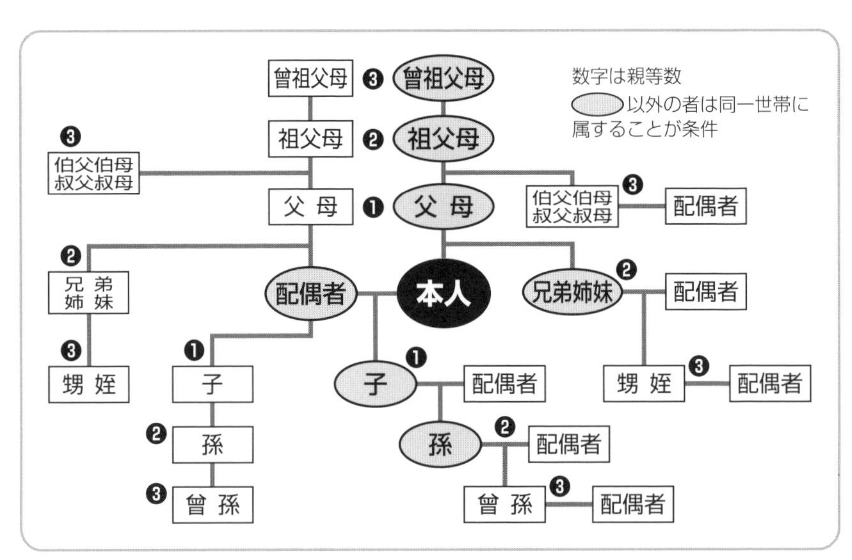

（引用：協会けんぽ）

また、被扶養者となるためには、収入の基準もあります。具体的には、被保険者と同一世帯の場合と同一世帯でない場合によって次のように基準が異なります。

【被保険者と同一世帯の場合】

被扶養者になろうとしている人の年収が130万円（60歳以上または障害年金を受けられる程度の障害を有する場合は180万円）未満であり、かつ、被保険者の年収の２分の１未満

【被保険者と同一世帯でない場合】

被扶養者になろうとしている人の年収が130万円（60歳以上または障害年金を受けられる程度の障害を有する場合は180万円）未満であり、かつ、被保険者からの援助額よりも少ない場合

上記の「援助額」については、仕送り等が想定されています。

なお、被扶養者になる（あるいは、被扶養者にする）と決断する前に考慮しておくべき重要なことがあります。それは、「**高額療養費**」制度についてです。

被扶養者になった後は、高額療養費制度の「所得の基準」が被保険者の標準報酬月額となります。理論上、被扶養者よりも被保険者のほうが収入は多いはずなので、**高額療養費の所得基準が上がってしまう**というデメリットがあるのです。

どのようなデメリットかというと、被扶養者が医療機関の窓口で負担することになる医療費の額が高くなるということです。

高額療養費の所得基準が下がると、それ以上、医療費を支払う必要がなくなります。

ところが、所得基準額が上がることで月々の保険料負担はゼ

ロになっても、毎月複数の診療科を受診するような場合には、高額療養費の恩恵を受けるには相当額の支出が伴ってからでなければ恩恵を受けることができないということになります。

一般的には、年齢を重ねると病気やケガのリスクは高くなるはずです。もちろん、病気やケガは明確な予測が難しいため、確実なメリット（保険料の負担がない）になり得る被扶養者になることを選択するという考え方もあります。

4-5 健康保険の任意継続被保険者とは

Q 現在の会社を定年退職後は、任意継続被保険者になる予定ですが、あわせて家族を被扶養者にする申請もできるのですか？

A 任意継続被保険者であっても、家族を被扶養者とするための申請はできます。

健康保険の通常の被保険者に設けられている、被扶養者の範囲や年収要件が緩和されるわけではありませんが、任意継続被保険者であっても、家族を被扶養者とするための申請をすることは可能です。ただし、通常の被保険者との相違点はありますので、それを確認しておきましょう。

●任意継続被保険者の資格取得日は退職日の翌日

通常の被保険者の資格取得日は、一般的には入社日や労働契約変更に伴い社会保険に加入となった日です。

一方、任意継続被保険者の資格取得日は、退職日の翌日です。もちろん、健康保険証が届いていない間であっても、保険給付（たとえば、病院にかかったときの費用）の対象にはなりますが、医療機関によっては保険証の現物を確認できないと、「いったん、自費で全額をお支払ください」といわれることがあります。

●任意継続被保険者の加入可能期間は最長２年

通常の被保険者は、最長で74歳まで加入することができます。75歳以降は、たとえ継続して同じ職場で働いている場合でも、後期高齢者医療制度へ移行することになります。
一方、任意継続被保険者は最長で２年しか加入できません。

そのほか、任意継続被保険者の資格喪失事由については、次のとおりです（通常の被保険者と重複する部分もあります）。

①任意継続被保険者となり２年を経過したとき
②死亡したとき
③保険料を納付しなかったとき
④再就職等により健康保険（または船員保険）の被保険者となったとき
⑤後期高齢者医療の被保険者となったとき
⑥任意継続被保険者が資格喪失を希望したとき

上記③については、任意継続被保険者は職場に在籍しているわけではないにも関わらず資格の継続が認められているという背景から、保険料の支払いが１日でも遅れると資格喪失となります。
ただし、初めて保険料を納付する場合で、正当な理由があると認められれば、資格喪失とはならないこともあります。
また、⑥については、令和４（2022）年１月に健康保険法が改正され、希望の申し出（いわゆる任意脱退）があった月の末日に資格を喪失できるように改正されました。

なお、任意継続被保険者となるには、退職日までに健康保険の被保険者期間が継続して２か月以上あることが必要です。
これは誤解が多い部分なのですが、退職したときの会社で２か月以上の期間がなかった場合であっても、健康保険（協会けんぽや健保組合）の被保険者期間が１日も空白がなく２か月あれば、任意継続被保険者の要件を満たします。
ただし、退職日の翌日から20日以内に手続きをしなければなりません。

ちなみに、私学共済の場合に任意継続被保険者となるためには、退職の日まで引き続き「１年と１日以上」の被保険者期間が必要とされています。

4-6 国保と任意継続の保険料

国民健康保険と任意継続被保険者の保険料は、どのように決まるのでしょうか？

A 国民健康保険は前年の所得に対して、任意継続被保険者は退職時の給与に対して保険料が決まります。

まず、「**国民健康保険**」（国保）は、厳密には各市区町村によって若干計算が異なる場合もありますが、原則として、前年の1月～12月の所得を基準に保険料（健康保険料）が決まります。

一方、「**任意継続被保険者**」は、退職時の給与（厳密には標準報酬月額）によって所得が決定し、その額に保険料率を乗じて保険料が算出されます。

ただし、保険料には上限があり、退職時の標準報酬月額が30万円を超えていた場合は、30万円の標準報酬月額により算出された保険料となります。

また、これは重要なことなのですが、在職中は会社が保険料の半分を負担していたところ、任意継続被保険者となった後は、全額を本人自身が払わなければならなくなります（もちろん、払った分は「社会保険料控除」として確定申告することが可能です）。

さらに、任意継続被保険者の保険料は、原則として２年間、変動がありません。そうなると、一般的には、定年退職後は在職中よりも所得が少なくなっていると考えられるので、２年めは国保のほうが保険料は安くなることも考えられます。

なお、国保の保険料は、「離職理由」によっては1年めから任意継続被保険者よりも安くなる場合があります。それは、「自己都合退職」ではなく、「**会社都合退職**」（たとえば解雇や退職勧奨等による退職）で離職した場合です。

実務上、退職する際には雇用保険加入者が希望すれば離職票を発行してもらうことができます。

ただし、59歳以上の退職者については、会社に離職票発行の義務があるので、本人からの申し出の有無を問わず発行しなければなりません。

そこで、離職票の「離職理由コード」が一定の範囲内として付番されていると、国保の場合には、実際の所得に対して30％を乗じた額を「所得」とみなして保険料が計算されることになっています。

ただし、この制度は年齢が65歳未満の人を対象としている市区町村が多いため、そのような事態に遭遇することが予見される場合は、**あらかじめ自身の市区町村へ確認**しておくことが無難です。

4-7 入院時期と高額療養費制度

親が入院することになりました。担当医師から入院日をいつにするか相談されていますが、入院時期による損得などあるのでしょうか？

A 患者側で選択できるのであれば、月末の入院は避けるほうが無難です。

入院の診断が下される時点では、少なくとも健康な状態とはいえませんので、医師の考えを最重視すべきところではあります。

しかし、ベッドの空き状況やそれほど重篤ではないという場合で、患者側に一定の選択が委ねられているということであれば、「**高額療養費**」の制度に着目して入院時期を判断するのがよいでしょう。

最も「損をする」ケースは、その月の下旬から翌月の上旬に入院するケースです。

たとえば育児休業中であれば、その月の末日には育休中であるため、給与にかかる社会保険料は会社負担分、本人負担分ともに免除されます。

ところが、高額療養費制度では、その月の１日から末日までの１か月間の医療費の自己負担額が「限度額」を超えた場合に、超えた分の額を「高額療養費」として保険者（協会けんぽなど）から給付を受けられるという制度です。

すなわち、月をまたぐと「同じ月」とはならず、算定される自己負担額が、別々の月となる（前月の分は前月の分として算定される）ため、思いの外、高額療養費制度の恩恵を受けることができなかったという結果につながることが考えられます。
言い換えると、日数的には同じ期間入院していたとしても、月をまたがなかったほうがお得であったという結果につながることが考えられるということです。
つまり、そんな不利益を防止するためには、入院期間の月がまたがないように、可能なら月末の入院は避けるほうがベターといえます。

本来、保険給付は健康保険に関わらず、明確な予測が難しい病気やケガに備えて用意されているものなので、損得勘定は馴染まないという考え方があります。
もちろん、そのとおりで反論の余地はありませんが、「制度のしくみ」を知ることと、「保険給付の本来のあるべき姿」は別問題であり、本事例のように一定の選択肢が委ねられている場合には、検討に値すると考えます。

また繰り返しになりますが、高額療養費制度は１日から月末までの１か月にかかった医療費の自己負担額が高額となった場合に、自己負担限度額を超えた分が、あとで「払い戻される」制度です。
したがって、初めから医療費が高額になることがわかっている（たとえば、入院中に手術が予定されている）場合には、高額療養費制度の「**限度額適用認定証**」を活用しましょう。
限度額適用認定証とは、あらかじめ医療機関の窓口に提示することで、医療費の支払い（保険適用内のものに限る）について、自己負担限度額までにとどめておくことができる制度です。

4-8 高額療養費制度のしくみ

現在、複数の病院にかかっていますが、高額療養費制度の適用を受ける面では、何かデメリットがありますか？

A **70歳を境に、制度のしくみが変わる点に注意しましょう。**

総合病院など、複数の診療科がある医療機関の場合には、医療費は合算して計算してくれますので、高額療養費制度の適用を受ける観点からは、可能であれば**同一医療機関で受診したほうがお得**となります。

なぜなら、「70歳未満」の人は、自己負担額が「２万1,000円以上」でなければ、複数の医療機関の医療費を合算することはできないからです。

たとえば、内科の病院に入院して医療費５万円の自己負担があったとします。また、整形外科のクリニックにも通院しており、自己負担額が３万円あり、さらに、眼科のクリニックにも治療に行き、自己負担額が１万円だったとしましょう。

この場合、内科の病院と整形外科のクリニックの分は合算できますが、眼科のクリニックの分は「２万1,000円未満」なので、合算することはできません。

ところが、「70歳以上」の人の場合は、この「２万1,000円以上」という制限がなくなり、自己負担額はすべて合算できます。

言い換えると、70歳未満の人の場合は、「１つの医療機関」で医療費が「１か月２万1,000円以上」のときにのみ、高額療養費制度の対象になるということです。

極端な例かもしれませんが、３か所の病院に通院したとして、すべての病院で月にかかった医療費が２万1,000円未満の場合には、まったく高額療養費制度の対象にはならないことになります。

また、認識が抜け落ちがちな点として、同じ病院であっても、**入院と外来は別扱い**となります。すなわち、入院と外来それぞれでかかった医療費が「２万1,000円以上」の場合に合算ができると理解しておいてください。

なお高額療養費制度では、制度上、２つの緩和策が設けられており、１つめは「**世帯合算**」です。

これは、同じ世帯で「同じ健康保険」（たとえば、夫婦ともに協会けんぽ）に加入している場合には、それぞれの自己負担額を１か月単位で合算できるという制度です。

２つめの緩和策は「**多数回該当**」といい、「過去12か月以内」で「３回以上」、高額療養費制度の対象となった場合、（このような状況下では、今後も療養の必要性が高いことがうかがわれるので）４回目以降の自己負担限度額を引き下げるというしくみです。覚えておくとよいでしょう。

4-9 医療費控除の申告

夫婦ともに病気がちです。医療費控除を受けるために、それぞれ別に家計管理をしていますが、何か問題はありますか？

A　夫婦のいずれかがまとめて確定申告する場合には、生計が一である必要があります。

「**医療費控除**」は本人だけでなく、配偶者やその他の家族のために支払った医療費が、一定額を超える場合に「所得控除」として認められている制度です。

一定額とは年に10万円（総所得金額が200万円未満の場合は「総所得金額×５％」）で、これを超える医療費があれば、確定申告することで所得税の還付を受けられます。

ただし、対象家族の範囲は「納税者と生計を一にする家族」に限られており、すでに独立している子どもなど、生計が別になっている家族の分を無制限に含めることはできません。

医療費控除について付言しておくと、控除の対象となるのは医師や歯科医師などによる治療費や入院費用などで、コンタクトレンズの購入代金や美容整形等の費用は医療費控除の対象外です。

また、かかった医療費の額を計算する場合、「保険金等の補てん金」は差し引くことになっていますが、健康保険から給付される高額療養費も差し引かなければなりません。

一方、健康保険から給付される傷病手当金は、医療費から差し引く必要はありません。なぜなら、傷病手当金は働けなくなったことに対する所得保障という意味合いで給付されるものであり、支払った医療費に対する保障ではないからです。

ご存じとは思いますが、医療費控除を受けるためにはもちろん、一定の証明が必要です。また、確定申告は原則として2月16日から3月15日までですが、還付申告は1月から行なうことができます。

一般的には、主たる生計維持者が取りまとめて（たとえば、サラリーマンである夫が専業主婦である妻や学校に通う子どもの分も取りまとめて）申告することが多いように見受けられます。

したがって、領収書等を別々に管理していると（医療費の領収書等は5年間保存する必要があります）、申告に手間取ることが考えられます。

また、これもご存じと思いますが、医療費控除は年末調整では行なわれません。年末調整は、その月（12月）の最後の給与でその年に納めるべき所得税の精算を行なう手続きですが、理論上、12月31日までは病院等を受診する可能性があるため、確定申告で手続きするようにしたようです。

なお、医療費控除の申告を忘れていても、5年前までの分は遡って申告することができます。ただし、必要な手続きが煩雑になるので、翌年に忘れずに申告するようにしましょう。

4-10 世帯分離とは

親と一緒に住んでいますが、一人暮らしの世帯より損をすることがあるといわれました。それは、どういうことですか？

A 「世帯分離」をするほうが得をする、という考え方があります。

「**世帯分離**」とは、端的にいうと、住民票上の世帯を分けることです。そうすることで、社会保険制度において、２つの恩恵を受けられるようになります。

ただし、世帯分離の本来の目的は、結婚等により家計を区別する必要があるために設けられている制度です。そこで、本来の目的とそぐわない形での申請はあるべき姿ではありませんが、認められているやり方なので解説しておきましょう。

社会保険制度における恩恵とは、１つは「**年金生活者支援給付金**」で、もう１つは「**介護保険料**」です。

まず、年金生活者支援給付金とは、令和元（2019）年10月に消費税が10%にアップした際に、年金が低額である人向けに、年金に上乗せする形で設けられた給付制度です。これを受給するための主な要件は次の３点です。

①住民税の非課税世帯であること
②65歳以上で老齢基礎年金をもらっていること
③前年の年金とその他の所得の合計額が88万1,200円以下であること

たとえば、あなたが退職後に、一般企業の正社員である子どもと同居する場合、あなたが退職により住民税が非課税となっても、正社員である子どもの住民税が非課税となるのは考えづらいので、要件①を満たさないことが考えられます。

ただし、あなたと子どもの住民票が別となれば、話は違ってきます。年金生活者支援給付金をもらえる可能性が高くなります。

もちろん、前記③の「所得要件」があるため、あなたがある程度以上の年金をもらっている場合には、住民票を分ける以前に、所得要件を満たさないために受給に至らないことが想定されます。

次に、介護保険料についてですが、介護保険料を減額する目的で世帯分離することは適切ではありません。このことをまず認識しておいてください。

介護保険料の恩恵について具体的にいうと、介護サービスを利用する際には、親の所得で決まる場合と世帯の所得で決まる場合があります。世帯分離をすることで、所得が切り離されるので、同居する子の所得を合算されることがなくなり、結果的に介護保険料の負担額が減るのです。

繰り返しになりますが、世帯分離の本来の目的は家計を区別することにあります。

また、年金生活者支援給付金の所得要件は毎年変動があり、毎年10月に見直しが行なわれる点もおさえておきましょう。

4-11 世帯分離のデメリット

世帯分離をしたことでデメリットがあるとしたら、それは何ですか？

手続きの煩雑さや手当の支給停止が、デメリットとしてあげられます。

世帯分離をして「別世帯」となることで、健康保険の被扶養者の要件が変わること（仕送りの確認が求められます）や、住民票等の証明書類を取得する際に（別世帯であることから）市区町村によっては委任状＋αが必要となる場合があり、そのような点も考慮しておくべきです。

マイナンバーカードを持っていることで、多くの場合は、コンビニエンスストアで各種行政書類を取得することが可能になりましたが、健康保険の被扶養者の認定にあたっては、一定の審査が行なわれることに変わりはありません。

また、会社の給与規程で、扶養手当の支給要件として、同居が必須となっているケースでは、世帯分離によって支給要件を満たさなくなり、会社の過誤払いが発生していた場合には、手当分を返金しなければならない事態も想定されます。

ちなみに、最低賃金や割増賃金については法律上基準が定められていますが、扶養手当については、会社独自のルール（もちろん合理的な内容ではあるべきですが）で運用しても差し支えありません。

国民健康保険料は、市区町村によって計算方法に若干の相違点がありますが、原則として、世帯主がその世帯の被保険者全員分の保険料を納付することになります。

したがって、世帯主が国民健康保険の被保険者ではない場合でも、同じ世帯に国民健康保険の被保険者がいる場合には、当該被保険者の分もあわせて世帯主が納めることとなります。

世帯分離で世帯主が抜けることによる負担増や、他の要因によって逆に負担増となってしまうことも考えられます。

以上を勘案すると、世帯分離することによって、**トータルではむしろマイナスになってしまう**ことも考えられるわけです。

また、決定的なデメリットというわけではありませんが、世帯構成の変更や税額の更正が生じた際には、年金生活者支援給付金は「**認定請求**」の手続きが必要です。そして、この手続きをした翌月から支給されることとなります。

これは、原則として、届出が遅れても遡ってもらうことはできないという意味です。

年金制度をよく勉強されている人は、年金の「**裁定請求**」をすると、時効となる５年以内の請求であれば、年金を遡ってもらえると理解していると思います。

年金は「裁定請求」ですが、年金生活者支援給付金は「認定請求」です。そのため、年金生活者支援給付金の認定請求をしても、遡って支給されることはありませんので注意が必要です。

4-12 世帯分離と扶養控除、被扶養者

世帯分離をすることで、所得税の扶養控除に影響はないのですか？

扶養控除に直接の影響はありませんが、社会保険上の被扶養者の認定には影響があります。

一般的に「世帯分離」は、親と子供の間で行なわれることが多いですが、世帯分離とは住民票上の世帯を分けることなので、所得税や住民税とは直接的な関係はありません。

世帯分離をしていても、「生計を一にする」などの**「税法上の要件」**を満たせば、所得税や住民税の扶養控除の適用を受けることは可能です。

ただし、「扶養」という用語は、税法と社会保険で使われており、上記の扶養控除は税法上の扶養ですが、社会保険上の扶養には**「被扶養者」**があります。実は、世帯分離することにより、この被扶養者に影響が出る可能性があります。

まず、**「被扶養者の範囲」**は、次のとおりです。

①被保険者の直系尊属、配偶者（事実上、婚姻関係と同様の人を含む）、子、孫、兄弟姉妹で、主として被保険者に生計を維持されている者（同居が必須ではない）
②被保険者と同一の世帯で、主として被保険者の収入により生計を維持されている次の者（「同一の世帯」とは、同居して家計を共にしている状態を指す）

1）被保険者の三親等以内の親族（①に該当する者を除く）
2）被保険者の配偶者で、戸籍上婚姻の届出はしていないが、事実上婚姻関係と同様の人の父母および子
3）上記（2）の配偶者が亡くなった後における父母および子

なお、後期高齢者医療制度の被保険者等である人は、後期高齢者医療制度に加入しなければならないため、健康保険の被扶養者にはなれないので、注意してください。

また、被扶養者となるためには、以下にあげる「収入要件」も満たさなければなりません。

【同一世帯にある場合の収入要件】

扶養対象者の年間収入が130万円未満（60歳以上または障害厚生年金を受けられる程度の障害を有する場合は180万円未満）であり、かつ、被保険者の年間収入の２分の１未満である場合

なお、上記に該当しない場合であっても、被扶養者となる認定対象者の年間収入が130万円未満（認定対象者が60歳以上または障害厚生年金を受けられる程度の障害者の場合は180万円未満）であって、かつ、被保険者の年間収入を上回らない場合には、その世帯の生計の中心的役割を果たしていると認められるときは、被扶養者となる場合があります。

【同一世帯にない場合の収入要件】

扶養対象者の年間収入が130万円未満（60歳以上または障害厚生年金を受けられる程度の障害を有する場合は180万円未満）であり、かつ、被保険者からの仕送り等よる収入額より少ない場合

したがって、同一世帯にない場合は、仕送りなどによる援助が確認できなければ、被扶養者の要件を満たさないことになります。

4-13 民間の生命保険の見直し

定年退職後は、とても生命保険の保険料まで払い続けられません。保険料を減額したいのですが、何を基準にして見直したらよいですか？

A 健康保険の高額療養費制度でカバーできる部分は解約対象です。

高額療養費制度は、健康保険が適用される自己負担分が対象となります。言い換えると、保険適用外の医療費は高額療養費の対象とはなりません。

たとえば、長期入院することになった場合は、高額療養費の対象になるものとならないものが混在することがあり得ます。

具体的には、入院の場合、「**入院中の食事代**」は高額療養費の対象外です。なぜなら、食事は通常、入院していなくても摂ることが普通なので、高額療養費制度の対象外になっています。

また、「**差額ベッド代**」も高額療養費制度の対象外です。差額ベッド代とは、本人の希望により個室などに入院した場合に発生するものです。

通常、大部屋（他の患者と同じ部屋）よりも個室のほうが、プライバシーも守られ、快適に過ごせることは想像に難くありません。でも、患者の都合ですから、高額療養費制度の対象外です。

ただし、病院の都合で個室を指定された場合は、差額ベッド代が発生しないこともあります。たとえば、感染症が流行し、感染者を個室に入れていると受け入れが困難となるため、大部屋に入院させる必要性が高い等の理由が考えられます。

なお、健康保険ではなく、国民健康保険であっても高額療養費は制度として備わっています。

公的保険の高額療養費制度で、医療費の一部をカバーできるのであれば、高額療養費についてあえて月々の保険料負担をしてまで民間保険でカバーする必要性は低いのではないかと考えられます。

言い換えると、保険はいざというときの「安心」を買うという行為なので、公的保険でカバーしきれない分野を民間保険でカバーするという考え方がよいでしょう。

ただし、高額療養費制度でカバーできないもの（たとえば保険適用外の手術等）は、その分、月々の保険料負担も高額になることがあります。

一方で、入院した場合に、入院日数に応じて、お見舞金が支給される民間保険もあります。したがって、民間保険の月々の保険料の額と、民間保険でカバーされる内容を吟味して、生命保険の見直しを検討するのが得策です。

4-14　公的保険と民間保険の保障内容

公的保険と同じ範囲をカバーする民間保険は解約したいと思いますが、公的保険でカバーされないものとは具体的に何ですか？

A　高齢者の場合は、差額ベッド代が代表格です。

前提として考えなければならないのは、高齢者となれば入院日数が長期化することが少なくないということです。

公的保険（高額療養費制度）でカバーされないものの代表例は、前項でも説明しましたが、「**差額ベッド代**」です。

差額ベッド代はもちろん病院にもよりますが、比較的規模が大きな病院ともなれば、「差額ベッド代だけで」１日１万円を超える金額になることも珍しくありません（「１日１万円」としても月額換算で30万円になります）。

リハビリ期間もある場合には、その期間も考慮するとなれば、固定的な多額の支出は免れられません。

そして、入院などした場合に医療費がどのくらいかかるのかを明確に予測できる人はいないはずです。

医療技術は進歩しており、他方で、入院日数は減少傾向にありますが、「高齢者」に限定すると、必ずしも入院日数は減少しているとも言い切れません。

また、入院は本人だけの問題ではありません。

家族が入院に必要な準備をすることやお見舞にも来なければならないため（感染症も減少傾向にあり、お見舞における制限も緩和傾向にあることから)、病院へ通うことが多くなります。
そうなると、家族も日々疲労が蓄積し、外食等で食事を済ませることが増えてくるので、家計面からみても単純に医療費のみの支出だけではすまなくなります。

また、「**先進医療**」も公的保険（高額療養費制度）の対象外となっています。
すなわち、高額な医療費ゆえに治療を諦めるというケースがあることも見聞きします。いうまでもなく、これは自分自身だけでなく、家族にとっても辛い選択になることなので、先進医療に関する費用は、民間保険でカバーするということが考えられます。
特に、がん治療関係の先進医療は高額となります。
厚生労働省の国立がんセンターがん対策情報センターが公表しているデータによれば、一生涯のうち、何らかのがんに罹患する確率は男性49%、女性37%となっており、これは日本人男性の２人に１人、女性の３人に１人の割合であり、決して他人事ではありません。

4-15 生保からの給付金と医療費控除

高齢になると病気にかかるケースが増えてくると思いますが、民間保険からの給付金を受給した場合、医療費控除する際に影響しますか？

A 医療費控除額を計算する過程で、給付金などは差し引く必要があります。

民間の生命保険などから給付されるものの代表格の一つとして「**入院給付金**」があります。

具体的な内容は保険商品によって異なりますが、一般的には入院や手術をした際の医療費をカバーするものです。

ただし、自動的にもらえるというわけではなく、所定の申請書に診断書（有料となるケースがほとんど）や領収書を添付して申請する必要があり、申請後も必要に応じて追加の書類を求められることがあります。

また、給付金の支払い回数も保険会社や保険商品によって異なり、保険商品によっては複数回支払われることもあります。

医療費控除は、その年に実際に支払った医療費が対象となりますが、入院給付金を受け取った場合には、支払った医療費から差し引いて控除額を計算します。したがって、給付金をもらったからといって、医療費控除がまったくできなくなるわけではありませんが、医療費控除できる金額が少なくなるという意味では、影響があります。

これは、公的保険からの給付金等についても同じ理屈で、たとえば、出産育児一時金をもらったり、高額療養費制度から戻ってきた金額などがあれば、その分は支払い医療費から差し引いて医療費控除額の計算をするので、特別に民間保険からの給付金に限って不利な取扱いをしているわけではありません。

医療費控除は、いわば後から恩恵があるのに対して、入院給付金は、入院という切迫した状況下で（もちろん、時期や申請までの時間にもよりますが）、確定申告を待つことなく、金銭的な恩恵がありますから、非常にありがたいものです。

これから入院するというときには、「どの程度の医療費がかかるのだろうか」「個室の入院を希望したけど、どのくらいの期間の入院になるのだろうか」などと、家族の意思のみでは決められないことが山積しています。病気やケガの治癒を願いながらも、頭の片隅にはお金に関する悩みが残っているはずです。

そのような状況下で、一定の金銭的な給付が事実上約束されていれば、家族にとっても安心材料となるでしょう。

なお、医療費控除額を計算する際に、受け取っている入院給付金を差し引かずに計算すると、当然、医療費控除できる金額が大きくなり、結果として支払う税金（所得税＋住民税）も少なくなりますが、これは明らかに虚偽申告ですから、もちろん厳禁です。

5章

定年後に利用したい私的年金は結局何がよいの？

5-1 iDeCoのデメリット

定年後からiDeCoを始めようと思いますが、何かデメリットはありますか？

加入時期が遅いと、受給開始も遅くなります。万が一に備えて、遅くとも50歳からは始めておきたいところです。

日本の法律では、**定年の定めは「60歳以上」**でなければなりません。定年が64歳までの場合、その後は本人が希望すれば、65歳までは雇用の確保（たとええば継続雇用制度）をしなければなりません。

これは、公的年金が原則として65歳から支給開始となる点に合わせた措置で、仮に60歳定年の場合には、65歳までの間は、定期的な収入がなくなってしまうことを意味しています。

ただし、60歳ともなれば、心身の不調がまったく心配ないということは少ないでしょうし、それを理由に再雇用は控えたいと考えてしまうことや、会社における人間関係が良好でない（たとえば、若手のビジネスパーソンが増えてジェネレーションギャップを感じているなど)、あるいは他社への再就職は簡単ではない、といった悩みを持たれている人も散見されます。

そこで、定年後には定期的な収入がなくなることが想定されるため、60歳以降に「**iDeCo**」からの給付金を受け取りたいというのがご質問の趣旨でしょう（iDeCoのしくみについては2－14項参照☞81ページ)。

仮に、60歳からiDeCoからの給付金をもらうには、**「通算加入者等期間」が10年以上必要**となります。通算加入者等期間とは、次の期間を指します。

①企業型年金加入者期間
②企業型年金運用指図者期間
③個人型年金加入者期間
④個人型年金運用指図者期間

これらの期間が10年以上あれば、60歳からiDeCoからの給付金をもらうことができます。

万が一、これらの期間が10年に満たない場合は、受取開始年齢は次のようになります。

- ８年以上…61歳
- ６年以上…62歳
- ４年以上…63歳
- ２年以上…64歳
- １月以上…65歳

すなわち、「50歳」からコツコツiDeCoをはじめておくことで、万が一60歳定年後に働くことが難しく、定期的な収入が途絶えても、iDeCoからの給付金が入ってくることになり、65歳までの無収入状態を回避することができるわけです。

もちろん、老齢年金の繰り上げ請求をすることで、60歳から年金をもらうことはできます。ただし、繰り上げ請求をすると、一生涯にわたり減額率が適用される点を考慮すると、そのデメリットは決して小さくありません。

5-2 iDeCoの注意点①

iDeCoを始めていますが、定年前後で何か気をつけることはありますか？

A **iDeCoを一時金としてもらうか、年金としてもらうかで、注意すべきポイントは異なります。**

まず、iDeCoのもらい方には、次の３つの選択肢があります。

> **①一時金としてもらう**
> **②年金としてもらう**
> **③上記①と②の併用**

統計上は、９割の人が①の「一時金としてもらう」を選んでいます。

考えられる理由としては、一時金としてもらう場合には税法上「**退職所得**」の扱いとなり、「**退職所得控除**」が適用されることです。

これは、会社に退職金制度がある場合に、退職金をもらうときに適用される控除のしくみと同じです。

労働法の世界では、過去の労働判例においても、退職金には２つの意味が含まれていると示されています。

１つは、功労報奨的な性格（これまでの労務提供に対する感謝の意味）と、もう１つは、賃金の後払い的性格（労働基準法上、退職金支給の時効は５年）という意味合いです。

そこで、税法上も「退職所得控除」という形で、他の所得よりも優遇された措置が設けられているわけですが、これの節税効果は大きいために、iDeCoのもらい方についても、①を選択する人が多いことが考えられます。

また、②の「年金としてもらう」を選択すると、資産が残っている間は口座管理手数料等が引かれ続けることにデメリットを感じ、なおさら①を選択するという考え方もあります。

ただし、これには注意点があります。

iDeCoからの給付金を一時金としてもらう**過去「14年以内」**に、会社から退職金を一時金としてもらっている場合には、もらっている退職金とiDeCoからの給付金の金額を合算して計算しなければなりません。

また、退職所得控除額の計算においては、退職金をもらう際の勤続期間とiDeCoの加入期間が重複している場合には、その重複する年数を差し引いて計算します。

すなわち、過去14年以内に退職金をもらっている場合、iDeCoからの給付金をもらうタイミングによっては、退職所得控除を十分に活用できないことが想定されるのです。

したがって、iDeCoからの給付金をもらい始めるタイミングについては、iDeCoのみで考えるのではなく、過去の退職金受給時期についても確認しておくべきということです。

一方、iDeCoからの給付金を「年金」としてもらう場合は、退職所得ではなく、「**雑所得**」扱いとなります。

したがって、雑所得扱いとなると、たとえば国民健康保険料が増えることにもつながります。

また、繰り返しになりますが、iDeCoからの年金給付が終わるまでは、口座管理手数料が引かれ続ける点もおさえておくべきポイントです。

逆に、iDeCoからの給付金を年金でもらうことにはメリットもあります。

年金としてもらうということは、iDeCoの資産運用は継続できることになるので（もちろん、確実なメリットとは到底断言できませんし、すべきではありませんが）、運用成績によっては、もらえる額を増やせる可能性があるということです。

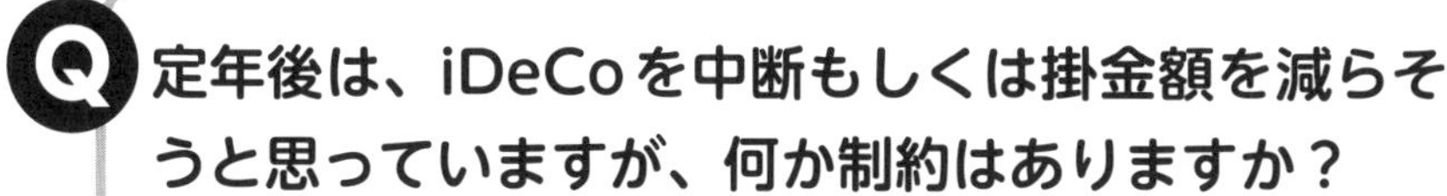

5-3 iDeCoの注意点②

定年後は、iDeCoを中断もしくは掛金額を減らそうと思っていますが、何か制約はありますか？

A iDeCoを続けるには、厚生年金の任意加入被保険者になることが要件です。

定年退職や定年再雇用に伴う給与体系の変更によって、それまで同様にiDeCoの掛金を払い続けることが困難になることは少なくありません。

たとえば60歳定年後、少しゆっくりする時間を過ごしたいために失業保険の延長申請をしたとします。

いうまでもなく延長申請の期間中は、失業保険をもらうことができなくなり、ほかに労働収入もなければ、iDeCoの掛金を払い続けると、生活に影響が出てきても不思議ではありません。

そこで、iDeCoに加入している金融機関経由で、「加入者資格喪失届」を提出することで、iDeCoの掛金の支払いを一時的に停止することができます。

資格喪失の手続き完了後は、iDeCoには「加入者」ではなく、**「運用指図者」**となります。

「運用指図者」とは、掛金の支払いはしないものの、iDeCoの運用に限り継続するという人のことを指します。もちろん、「運用指図者」であっても、その期間はiDeCoの「通算加入者等期間」には含まれます。

また、iDeCoの掛金を減額するなどの変更は、年に1回可能です。

iDeCoの掛金変更は、厚生年金保険料とは異なり、給与と紐づくということはなく、自身の家計状況等を勘案して、掛金額の上限の範囲内で自由に設定することができます。

定年退職や定年再雇用に伴う給与体系の変更によって、「運用指図者」になるほどではないが、細々とでも加入者として継続した掛金納付を希望するという場合には、「掛金の変更」で対応するのがよいでしょう。

そして、iDeCoは加入している社会保険の種別によって掛金の上限額が異なるだけでなく、退職後には種別が国民年金に変わることから、この種別変更に係る手続きは、本人自身が進めなければなりません。

現在は法改正により、60歳以後であっても、厚生年金の「**任意加入被保険者**」であれば、iDeCoに加入できるようになっています。

任意加入被保険者とは、国民年金からもらえる老齢基礎年金を満額受給するために、65歳までの間に限り、加入月数の上限である480か月に到達するまで任意に加入できる制度です。

言い換えると、60歳定年を契機に厚生年金の資格を喪失すると、任意加入制度に加入しない限り、(法改正後であっても)そもそもiDeCoには加入ができないという制約がある、ということです。

5-4 年金を増やす方法①

年金額が少ないため、定年後の生活が不安です。年金は、どんな方法で増やすことができますか？

A 国民年金の任意加入制度を活用する方法が考えられます。

わが国の年金制度は、昭和61（1986）年４月１日を境に「旧法」と「新法」に分けられており、旧法と新法を比較すると、新法のほうが受給額は少なくなっています。

これは、旧法時代と比較すると現役世代の減少等、さまざまな要因が複雑にからみ合って、現在の年金額に行きついています。

そこで、少しでも年金を増やせるような方法はないのか、というと、実は選択肢が複数あります。

そのなかの１つとして、**国民年金の任意加入制度**の活用があげられます。

この制度は、たとえば60歳定年後、65歳までの間に限って、加入月数の上限である480か月に到達するまで任意に加入できるという制度です。

言い換えると、老齢年金の受給資格がある場合は、65歳以降に任意加入することはできません。

老後の年金の受給資格である「**年金加入期間**」（保険料を納付した期間と納付免除期間との合計期間）は、平成29（2017）年８月以降、25年から「**10年**」に短縮されています。長年会社勤めをして厚生年金に加入していた人であれば、10年に達していないというケースはほぼないと思われます。

65歳以降も利用できる制度としては、「**特例任意加入**」という制度がありますが、これは、昭和40（1965）年４月１日以前生まれの人で、かつ、老齢年金の受給資格がない人が、受給資格を得るために救済的に設けられている制度なので、対象となるケースは稀と考えます。

また、厚生年金については、70歳到達時までは加入することができます。

定年退職後も再雇用として働く場合や、他社へ（社会保険に加入できる程度の労働時間で）再就職する場合、あるいは起業によって厚生年金へ加入できれば、加入期間が増えるので年金を増やすこともできます。

老齢厚生年金は、**高い報酬で長く加入する**ことで（もちろん、在職中は在職老齢年金によるカットは起こり得ますが）より多くの年金をもらうことができます。

ただし「高い報酬」は、会社が決める部分であり、自分でコントロールすることは難しいですが、「長く加入」については、自身でコントロールできる部分でもあります。

5-5 年金を増やす方法②

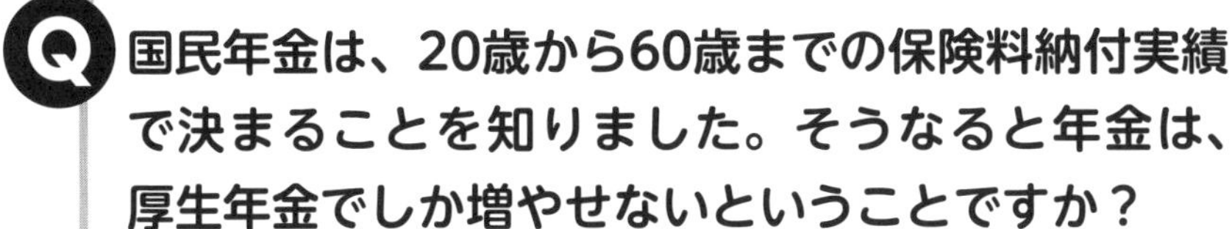

Q 国民年金は、20歳から60歳までの保険料納付実績で決まることを知りました。そうなると年金は、厚生年金でしか増やせないということですか？

A 年金制度には、「経過的加算」というしくみがあり、これで増やすことができます。

年金のしくみの1階部分である国民年金からもらえる「**老齢基礎年金**」は20歳から60歳までの間の480か月間に、どれだけ保険料を納付しているかによって、老後の年金額が決定します。

いうまでもなく、計算上、老齢基礎年金に反映できない部分（20歳前と60歳以後の期間）が存在します。

しかし、老齢基礎年金には反映できない代わりに、年金のしくみの2階部分である厚生年金からもらえる「老齢厚生年金」に「**経過的加算**」として反映されます。つまり、経過的加算は老齢基礎年金相当額であるともいえます。

制度上、国民年金の第1号被保険者（自営業者等）と第3号被保険者（第2号被保険者＝会社員の被扶養配偶者）は、20歳から60歳までの間しか加入することはできません。

一方、厚生年金の被保険者は、20歳未満や60歳以後であっても加入することができます。厚生年金の被保険者は、言い換えると、国民年金の第2号被保険者でもあります。

仮に経過的加算がない場合は、「国民年金第2号被保険者」として年金制度に加入しているにも関わらず、老齢基礎年金が増えないのはおかしいのではないか、という話になります。そこで、経過的加算が制度化されているわけです。

また、定年退職後に誰もが厚生年金に加入できるとは限りません。したがって、国民年金の任意加入制度を使って加入することで、20歳から60歳までの間の480か月間の間に未納期間等があった場合には、65歳に到達するまでの間に限って、保険料納付済期間を480か月に近づけることができます。

そうすることで、結果的に60歳を過ぎても老齢基礎年金を増やすことは可能ということになります。

ただし、実際に国民年金の任意加入制度を活用する前におさえておきたいポイントがあります。

まず、任意加入制度によって**増額する年金は国民年金のみ**です。これは至極当然の話ではありますが、任意加入制度は「厚生年金」に存在する制度ではないからです。

次に、任意加入制度によって、１か月分の保険料（16,520円：令和５（2023）年度）を納付した場合、年金は年額で約1,620円の増額です。

すなわち、納めた保険料の「１か月分の元をとる」ためには、約10年かかる計算になるということです。

それでも、老齢年金は終身年金なので、この時点では（余命宣告をされているようなケースを除き）、国民年金に任意加入することの損得を見極めるのは難しいと言わざるを得ません。

5-6 定年後に増える年金

定年後も働き続けることで、毎年１回、年金が増えると聞きましたが、何の年金がいつ増えるのですか？

A　在職時に行なわれる定時改定によって毎年、12月支給分から増える可能性があります。

令和２（2020）年の法改正により、老齢厚生年金をもらいながら働いている「65歳以上」の人が対象になる制度として、**毎年10月に年金額を改定**するという制度が導入されました。

日々、仕事をしながら厚生年金に加入している場合は、よほど労働条件が変更になった場合を除き、給与の額が大きく変わることはないでしょう。

そして、老齢年金については原則として、退職等を契機として年金額の改定が行なわれるので、保険料は毎月払っているのに年金が増えないのでは、働く意欲が湧かないという指摘がありました。

そこで、高年齢者の就労意欲を保ってもらう意味も含めて、年に一度は、それまでの就労実績を勘案して、年金額の増加が実感できる制度を創設するということで、法改正が行なわれたわけです。

具体的には、毎年９月１日時点において、前月である８月までの加入実績に応じ、10月から年金額の改定が行なわれます。

注意しておきたいのは、実際に（それまでの就労実績が反映された）「10月分」の年金額をもらえるのは12月です。
これは、年金は「前月までの２か月分を支給」するという支給ルールとなっているので、10月分と11月分は12月に支給されるからです。

高年齢者ともなれば、子どもの頃の「通知表」など、数字でフィードバックを受ける機会は少なくなっており、年に一度は必ず数字の変動を感じることができる機会は、プラスの改正であったと考えます。
ただし、**デメリット**もあります。
年に一度必ず年金額が改定されることで、より早期に在職老齢年金の対象に近づいてしまう（または、実際に年金がカットされてしまう）という可能性があります。
ただし、（役員等を除き）定年後の再雇用契約によって、むしろ賃金額は下がってしまうという場合には、在職老齢年金の対象になることは考えづらいでしょう。

5-7 定年退職後の企業年金の手続き

Q 企業年金に加入しています。定年退職する場合、どのような手続きをしないでいると損になりますか？

A 自分で手続きしないで「自動移管」されると、運用されなくなるだけでなく資産も減っていきます。

企業年金は、大きく分けて「**企業型確定給付年金**」と「**企業型確定拠出年金**」の２つがあります。

現在は、企業型確定拠出年金（以下「**企業型ＤＣ**」）のほうが多く利用されているので、企業型ＤＣに加入していて、その後退職した場合について解説しておきましょう。

まず、定年退職などにより、企業型ＤＣの加入者の資格を喪失した翌月から起算して**６か月以内に移管等の手続き**をしなければなりません。

そうしないと、年金資産は「国民年金基金連合会」に自動的に移管されてしまいます。

ただし、他の企業型ＤＣもしくは個人型確定拠出年金の口座があり、本人情報が一致する場合に限って、当該口座へ移管されることもあります。

「本人情報」とは、基礎年金番号だけでなく、性別、生年月日、カナ氏名などすべての情報です。

企業型ＤＣの自動移管が行なわれた場合の主なデメリットは次の３点です。

①管理手数料だけは引かれ続ける

自動移管されると、自身の資産額から管理手数料が引かれ続けることになります。最悪の場合は、受給開始年齢に達したときに、年金資産が大幅に減っていることにもつながりかねません。

②老齢給付金を受け取るための加入者期間に算入されない

企業型ＤＣから老齢給付金を受け取るための加入者期間には算入されないため、予定していた受給開始時期に受給開始できないということです。

現行の法律による受給開始時期は60歳から75歳の間ですが、たとえば60歳から受取開始を希望する場合は、60歳到達月時点において、通算加入者等期間が「10年以上」必要です。

しかし、自動移管されている期間はこの通算加入者等期間には算入されないため、60歳からは受給できないことになります。

③運用の指図ができない

運用の指図とは、「掛金をいくらに設定する」とか「どの商品にするかを選んで運用していく」ことを決めていくことです。もちろん、運用商品の預け替えを運営管理機関に指示することも含まれています。

いうまでもなく、この指示内容によって運用成績は大きく変わることもあるので、運用の指図ができない期間は「黙って見ているだけ」の状態になってしまいます。

5-8 企業年金の加入時期

企業年金は、何歳まで加入することができるのでしょうか？

A **令和４（2022）年５月以降、企業型確定拠出年金は70歳まで加入できるようになりました。**

現在は、確定給付企業年金（以下「ＤＢ」）、企業型確定拠出年金（以下「企業型ＤＣ」）のいずれも、厚生年金被保険者（70歳未満）であれば加入できます。

ただし、企業型ＤＣについては、規約において加入者資格を「一定の年齢未満」とすることができますが、60歳よりも低い年齢にすることはできません。

したがって、会社で企業型ＤＣに加入している場合は、必ず**加入可能年齢を確認しておく**ことが求められます。

また、受給開始年齢については、ＤＢの場合、60歳から70歳の間で、規約で定める年齢到達時または50歳以降の退職時（規約に定めがある場合）となっています。

一方、企業型ＤＣについては、受給開始年齢は60歳から75歳までとなりますが、60歳未満の「通算加入者等期間」が10年に満たない場合は60歳から受給することはできません。

「通算加入者等期間」が10年に満たない場合に、60歳から受給できない点はiDeCoも同様ですが、よくある勘違いなのですが、iDeCoの加入可能年齢は70歳ではなく65歳までです。

厚生年金加入者であれば、引き続き継続雇用等によって社会保険にも加入中であるなら、65歳までiDeCoに加入することができます。しかし、定年退職等によって社会保険の資格を喪失した場合は、**任意加入被保険者**（☞164ページ）にならなければ、65歳までiDeCoに加入することはできません。

iDeCoは別名「**個人型ＤＣ**」と呼ばれ、企業型ＤＣと同じ確定拠出年金法に根拠規定が置かれていることから、混同して理解されていることが少なくありません。注意が必要です。

なお、すでに老齢給付金を裁定請求している場合は、再び企業型ＤＣに加入することはできないので、これも注意が必要です。

万が一、過去に裁定請求していたことが判明した場合には、加入日に遡って加入者資格が取り消されることになります。

また、よくある相談として、在職老齢年金制度によって、ＤＢやＤＣをもらっていると、年金がカットされるのではないか、と聞かれることがあります。

しかし、在職老齢年金制度によるカットの対象となる年金には、ＤＢもＤＣも含まれません。あくまでも老齢厚生年金の報酬比例部分のみがカットの対象です。

5-9 厚生年金基金で必要な手続き

前職で厚生年金基金に加入していました。定年退職する場合、何か手続きが必要になりますか？

年金事務所への請求手続きとは別に、基金への手続きが必要です。

年金事務所で請求手続きをするだけでも、事前に添付書類を用意して、（対面による請求の場合は）予約、訪問、請求手続きが必要であり、それが定年退職前であれば、一定の労力を要することは想像に難くありません。

まず、「**厚生年金基金**」とは、企業年金の一種で、昭和41（1966）年10月から厚生年金保険法にも規定されている制度です。

具体的には、企業が単独または共同して設立する公法人であり、「老齢厚生年金の一部」が「国に代わって」支給される制度です。

企業の業績等によって、独自に上乗せ給付を行なうことで、従業員に対してインセンティブを感じてもらいながら、老後の保障を手厚くすることを目的に制度設計されていました。

ただし、平成26（2014）年４月以降は、積立て不足等の問題が露見し、実質的には廃止される方向にカジが切られています。

加入していた基金からは「**厚生年金基金加入員証**」という形で書面の交付を受けていると思われますが、請求する際にはこの加入員証が必要になります。

なかには、加入員証を紛失してしまったという人もいるかもしれません。その場合は、加入していた（加入している）厚生年金基金に問い合わせてみましょう。

また、過去に基金に加入していた記憶はあるものの、「特定」することが難しい場合については、「企業年金連合会」に問い合わせすることでわかる場合があります。

その際には（わかる場合は）、厚生年金基金の加入員番号、基礎年金番号を事前に準備して問い合わせをすると、スムーズに進みます。

そして、厚生年金基金からの給付には、次の２つの種類があります。

①代行給付

厚生年金基金の加入期間に応じた「老齢厚生年金の報酬比例部分」を、国に代わって基金から支払うもので、「代行給付」と呼ばれています。

②上乗せ給付

これは、厚生年金基金独自の「年金積み増し分」として、厚生年金よりも手厚い給付をめざしており、「上乗せ給付」と呼ばれています。

ただし上乗せ給付は、それぞれの基金の規約によって定められているものなので、必ずこの給付があるというものではありません。

なお、節目の年齢のときに日本年金機構から送付されてくる「**ねんきん定期便**」や、年金事務所での年金相談の際に、厚生年金基金への加入歴を教えてもらえることがあります。
この場合、重要なのは、年金事務所での請求手続きとは別に、厚生年金基金での手続きも必要ですので、忘れずに手続きをしましょう。

5-10 プラスαできる年金①

公的年金に何かプラスαできる年金はないかと考えています。いくつかあるようですが、結局、何がよいのですか？

A **3つの選択肢があり、それぞれの事情によります。**

「老後2,000万円不足問題」が盛んに報道されたことがありました。安心して老後生活を送るには**「退職前に」2,000万円を準備**しておく必要がある、というものです。

そこで、公的年金とは別にプラスαできる年金が再び注目を集めています。その代表的なものにiDeCoがありますが、iDeCoの他にも選択肢はあり、それぞれに特徴があります。

年金を増やす前提として、定年退職後も引き続き厚生年金に加入することで年金額を増やすことが可能ですし、iDeCoには厚生年金とダブルで加入することもできます。

プラスαできる年金には、原則として次の３つの選択肢があります。

①iDeCo

たとえば、60歳で定年退職し、65歳までの間に限り、国民年金の任意加入制度を使って加入することでiDeCoに加入することはできます。ただし、iDeCoは公的年金ではなく、私的年金なので、「自己責任」のもとで、「運用の指図」を行ないます。

厚生年金であれば、高い報酬で長く加入することで多くの年金をもらうことができますが、iDeCoについては、必ずしも多くの掛金を納めたからといっても、運用成績によってはプラスになるとは限りません。一方で、iDeCoには高い節税効果があり、納めた掛金の全額を年末調整や確定申告時に「小規模企業共済等掛金控除」として、所得から控除することができます。

また、国民年金第2号被保険者（厚生年金加入者）よりも国民年金第1号被保険者（自営業者等）や任意加入被保険者のほうが納めることができる掛金額は多いため、節税効果はより高くなるメリットもあります。

②国民年金基金

かつては国民年金第1号被保険者の上乗せ制度として、国民年金第1号被保険者のみが加入できる制度でしたが、60歳から65歳未満の任意加入被保険者も加入できるようになりました。

年金のもらい方には「終身年金」と「確定年金」があり、掛金の上限は月額6万8,000円です。掛金全額が「社会保険料控除」の対象になります。

ただし、加入は任意ですが、加入後は途中で任意に脱退することはできず、脱退は65歳到達時や任意加入被保険者でなくなったとき等に限定されるので注意が必要です。

③付加年金

国民年金の第1号被保険者や任意加入被保険者が対象となる制度です。国民年金の保険料にプラスして「付加保険料」を納めることで、老齢基礎年金の上乗せの年金として「付加年金」をもらうことができます。

保険料は月額400円で、付加年金をもらう際には、「200円×付加保険料を納めた月数」となることから、「2年で元が取れる年金」といわれることがあります。

プラスαできる年金について、組み合わせて加入できるものはありますか？

iDeCoは国民年金基金とも付加年金とも組み合わせて加入することが可能です。

前項であげた３つの選択肢について、組み合わせできるかどうか見ていきましょう。

【iDeCoと国民年金基金】

これは、組み合わせて加入することができます。ただし、掛金は２つ合わせて月額６万8,000円が限度です。

この２つの大きな違いは、iDeCoの場合は運用商品を自身で選択して、その商品の運用成績によってもらえる額が変動していくのに対して、国民年金基金は掛金に応じてもらえる額も決まっていることです。

したがって、せっかくのプラスαの年金なので、ある程度リスクを取ってでも増やしたいということであれば、iDeCoのほうに掛金の配分を多くしたほうがよいとも考えられます。

ただし、あくまでもiDeCoは自己責任のもとで運用することが前提なので、リスクを取りたくないということであれば、前述の逆パターンも検討しておくのがよいでしょう。

【iDeCoと付加年金】

これも、組み合わせて加入することができます。ただし、掛金は２つ合わせて月額６万8,000円が限度です。

この２つの大きな違いはiDeCoと国民年金基金のケースと同様に、iDeCoは運用商品を自身で選択して、その商品の運用成績によってもらえる額が変動していくのに対して、付加年金は保険料が月額400円で固定されており、納付した月数に応じてもらえる額も決まっている点です。

注意したいのは、iDeCoの掛金の選択は「1,000円単位のみ」です。よって、付加保険料の「400円」を考慮すると、iDeCoの掛金上限額は「６万7,000円」となるので、iDeCoの特徴である高い節税効果を十分に活かしづらいとの声もあります。

ただし、あくまでもiDeCoは自己責任のもとで運用することが前提なので、「リスク分散」の意味で、「２年で元が取れる付加年金」との組み合わせを選ぶ人も少なくありません。

【国民年金基金と付加年金】

これは、組み合わせることはできません。なぜなら、国民年金基金には、そもそも付加年金部分が含まれていると考えられているからです。

なお、国民年金基金には、「全国国民年金基金」と「職能型国民年金基金」の２種類がありますが、両方に加入することはできません。

「全国国民年金基金」に加入できるのは、第１号被保険者であれば住所地や業種は問われませんが、「職能型国民年金基金」に加入できるのは、基金ごとに定められた事業または業務に従事する第１号被保険者のみであり、後者は限定的です。他方、「付加年金」も「職能型国民年金基金」のような制限はありません。

5-12 プラスαできる年金のデメリット

プラスαできる年金のそれぞれにデメリットはあるのでしょうか。もしあるとすれば、どんな部分がデメリットとして考えられますか？

A ３つの選択肢それぞれにデメリットあるいは注意点があります。

付加年金と国民年金基金は、もらえる額が確定しているのに対して、iDeCoは自身で金融商品を選び、その商品の運用成績によってもらえる額も変わるという性質があります。

つまりiDeCoは、自身で**どのくらいまでならリスクを取れるのか**を検討しておくのがよいでしょう。

また、リスクを取れるということは、どこか他で安定的な資産があると考えられます。公的年金としてもらえる額が極端に増えるということは考えづらいですが、既存の制度（たとえば公的年金の繰り下げ制度）を活用して、**安定的な資産をつくる**ということも頭の片隅に残しておくのがよいでしょう。

次に、国民年金の保険料は月額１万6,520円（令和５（2023）年度）です。

たとえば、60歳前に退職した場合は、それまで厚生年金に加入していたとしても、退職後60歳までは国民年金に加入しなければなりません。そうなると、一時的ではあっても、保険料の納付が困難となることが想定されます。

そのような場合には、国民年金には**保険料の全額免除または一部免除制度**があります。保険料が滞納状態では、障害年金の受給資格の1つである保険料納付要件を満たさなくなるリスクもあるため、保険料を滞納するよりは免除のほうを活用するほうが適切であることは明らかです。

しかし、保険料免除が承認されると、付加年金や国民年金基金を活用することはできません。その理由としては、これらのプラスαできる年金は、あくまでも国民年金の「上乗せ」であるため、国民年金の保険料を免除してもらいながら、上乗せ年金の保険料だけ払うというのは適切でないからです。

もちろん、これはiDeCoについても同様です（iDeCoの場合、掛金免除が決定した場合は、運営管理機関に「加入者資格届」を提出します）。

また、国民年金保険料を免除された期間は、一部ではありますが、年金額へ反映されてしまいます。

満額の年金をもらいたいということであれば、**追納制度**（承認された月以前10年以内であれば保険料を納められる制度）を活用し、保険料を納めることによって、満額の年金に近づけることができます。

一方、iDeCoにはこのような免除制度はありません。その代わり、掛金の納付が難しくなったら、「運用指図者」（掛金は納めず運用の指図のみを行なう）となることで、加入者期間には通算されます（iDeCoからの給付金を60歳からもらうには、10年の加入者期間が必要です）。

5-13 年金保険料の滞納①

Q 学生時代に年金保険料を滞納したことがあります。このまま放置しておくと、どんなデメリットが発生しますか？

A 老齢基礎年金が満額で受け取れないことと、障害年金の受給ができなくなるリスクもあります。

老齢基礎年金は「**フルペンション減額方式**」といって、20歳から60歳までの480か月間、漏れなく保険料を納めていた場合に満額の年金が支給されるしくみになっています。

すなわち、過去に保険料の滞納があると、満額の老齢基礎年金をもらうことはできませんし、その減額が一生涯続くことになります。

令和５（2023）年度の老齢基礎年金の満額は79万5,000円で、月額に換算すると６万6,250円です。

もちろん上乗せである老齢厚生年金ももらえる場合は、生活の足しになることは間違いありませんが、老齢厚生年金をもらえたとしても、多くの場合は十分な額とはいえないでしょう。

平成29（2017）年８月以降は、それまで「25年以上」の資格期間（保険料の納付や免除期間等をあわせた期間）がなければ、老後の年金はもらえませんでしたが、「10年以上」の加入期間で年金をもらうこと自体はできるようになりました。

しかし、「10年」の加入期間では、とても十分な年金額にはならないので、可能な限り保険料は納めておくことで（終身にわたってもらえるという側面から考えても）、保険料を滞納のままいまま放置しておくのは避けておくべきといえます。

また、年金には「老齢年金」以外に「障害年金」もあります。

障害年金をもらうには、一定以上の障害等級に達していることの他に「**保険料納付要件**」が問われます。

具体的には、初診日の前日に初診日がある月の２か月前までに、保険料の納付等が３分の２以上なければ、この要件を満たしません。

ただし、令和８（2026）年４月１日前であれば、初診日時点で65歳未満の場合に限り、初診日のある月の２か月前までの１年間に保険料の未納がないことでも可能とされています。

したがって、保険料の滞納が続いてしまうと、万が一、障害年金をもらえる程度の事故や病気を患ったとしても、障害年金をもらえなくなってしまうリスクも出てきます。

5-14 年金保険料の滞納②

たとえば、滞納していた年金保険料を１か月分払ったとすると、年金額にはどのくらい反映されるのですか？

A 年金は、年額で約1,600円増額します。

まず、**厚生年金保険料**については、従業員からの徴収分と会社負担分を合わせて会社が納付することになっているので、理論上、個人単位で滞納が発生することはありません。

もちろん、欠勤や休職のために給与から保険料を天引きできずに、本来はその従業員が会社に対して保険料を振り込むべきところ、対応を失念していたということは考えられます。

一方、国民年金は個人単位で加入しますので、**国民年金保険料**の滞納は起こり得ます。

国民年金保険料は、納期限の翌日から２年を経過すると、時効によって納めることができなくなります。保険料は、その月の分を翌月末日までに納めなければならないので、この日を過ぎると「滞納」となります。

それでは、２年を経過してしまうと払う方法はないのかという話になりますが、国民年金の保険料納付済月数が480か月に達しておらず、65歳未満の人であれば、国民年金の「**任意加入制度**」を使って加入して、480か月に達するまで保険料を納めることができます。

仮に、任意加入制度に加入して、仮に１か月分の保険料（１万6,520円：令和５（2023）年度）を納付した場合、受給できる年金額は年額で約1,600円増額することになります。

このことは168ページでも説明しましたが、計算上は、納めた保険料の「１か月分の元をとる」には約10年かかる計算になってしまいます。

ただし、老齢年金は終身給付なので、自身が亡くなるまでもらえると考えると、保険料の追納が例外なくもったいないということはありません。

そして、亡くなった後は未支給年金として、遺族が受け取ることになります。

年金は、「前月までの２か月分」が支払われますので、仮に12月に亡くなった場合は、12月分までは年金の支給対象となり（本来は12月分と１月分ですが、１月は前月の死亡により支給対象外）、２月に12月分が支払われます。

遺族に対して、少しでも多くの年金を遺してあげたいと考えるなら、保険料の滞納については可能な限り解消しておくことで、多くの年金を遺してあげられることになります。

5-15 年金保険料の滞納③

滞納している保険料を払おうと思いますが、いつまで払えますか？　また、払えなくなったら、他に払う方法はないのですか？

A **国民年金の任意加入制度に加入することで、保険料を払うことができます。**

前項でも説明しましたが、滞納していた保険料は法律上、納期限の翌日から２年を経過すると納付することはできません。

その場合、国民年金は20歳から60歳までの480か月間に滞納期間が発生していることを意味しますので、65歳未満までの間に限り、**国民年金の「任意加入制度」**を使って国民年金に加入して、480か月に達するまで保険料を納めることができます。

また、老齢年金の受給資格を得ていない場合は、昭和40（1965）年４月１日以前生まれの65歳以上70歳未満の人であれば、**「特例任意加入制度」**を使って国民年金に加入し、老齢年金の受給資格を得るまで（上限は70歳に達するまで）国民年金制度に加入して、保険料を納めることは可能です。

ただし、受給する年金として増額するのはあくまでも老齢基礎年金のみであり、端的にいうと、年金の２階部分である老齢厚生年金は「別制度」なので、老齢厚生年金も一緒に増額するということはありません。

一方、再就職等によって厚生年金に加入した場合は、その日に資格を喪失することになります。

最後に、前年度に一定以上の所得があるにも関わらず、一定期間以上、保険料を滞納していると、督促が行なわれ、指定された期限までに納付がなければ、**滞納処分**（具体的には差し押さえ等）が行なわれる場合があります。

そして、この場合には「**延滞金**」も発生します。延滞金は、懲罰的な意味合いのものなので、これを支払ったところで、年金が増額することはありません。

したがって、失業等によって本当に保険料の納付が難しい場合には、**保険料の免除制度**等（☞182ページ）を活用し、まずは滞納にならないように、先行的に手続きをしておくことが適切です。

また、保険料の納付は特段難しいわけではなく、単に払い忘れが続く場合は、**クレジットカードからの引き落としや口座振替にしておく**ことも考えられます。

クレジットカード払いの場合は、カード会社にもよりますが、ポイント付与の対象となることや、口座振替の場合には、高い割引率が採用されていますので、一考に値します。

おわりに

本書をお読みいただき、ありがとうございました。

定年退職後は、それまでの生活が一変し、定年前から「気持ちがソワソワする」「何をしたらよいか考えていなかった」といった労働法や社会保険制度と直接的には関連していないご相談もいただきます。

しかし近年は、「学びなおし」（リスキリング）の機運が高まっており、筆者が社会保険労務士の受験生であった頃も、60代中盤と思われる受験生の方と一緒に机を並べていました（当時はコロナ禍前）。

もちろん「学びなおし」といっても、労務関連や社会保険制度だけでなく、さまざまな分野が考えられますが、多くの場合、一定の費用（受講費はかからなくても教材費は必要な場合があります）や時間が発生します。

そこで、本書で紹介・解説した社会保険制度などを、自身で活用いただき、また、労務分野でのトラブルを事前に回避いただければ幸いです。

本書の出版にあたり、アニモ出版の小林良彦様には読者目線に立った明確かつ寛大なご助言をいただき、伴走していただきました。厚く御礼を申し上げます。

今後もわが国は、多くの法改正や社会情勢の変化が予想されますが、どのような変化が訪れても自分自身のなかで、最悪の事態から逆算した「準備」をしておくことで、日常生活における不安も軽減されると考えます。

最後に、読者の皆さまのご多幸を祈念して、筆をおかせていただきます。

蓑田 真吾

蓑田真吾（みのだ　しんご）

1984年生まれ。社会保険労務士、みのだ社会保険労務士事務所代表。都内医療機関において約13年間、人事労務部門で労働問題の相談（病院側・労働者側双方）や社会保険に関する相談を担ってきた。対応した医療従事者の数は1,000名を超え、約800名の新規採用者、約600名の退職者にも対応してきた。独立後は、年金・医療保険に関する問題や、労働法・働き方改革に関する実務相談を多く取り扱い、書籍や雑誌への寄稿を通して、多方面で講演・執筆活動中。
著書に、『読めば得する 働く人のもらえるお金と手続き 実例150』（朝日新聞出版）、『これで解消! 医療機関の9つの労務リスク』（労働新聞社）、『社労士が教える 産休・育休制度を有利に活用する本』（笑がお書房）、『後悔を減らすために 失敗事例から学ぶ労務管理』（税務経理協会）がある。

【みのだ社会保険労務士事務所】
https://www.minodashahorou.com/

Q＆Aで早わかり！
定年前にやらないと損する　定年後のお金㊢ガイド

2023年 7 月15日　　初版発行

著　者　蓑田真吾
発行者　吉溪慎太郎
発行所　株式会社**アニモ出版**
〒 162-0832 東京都新宿区岩戸町 12 レベッカビル
TEL 03(5206)8505　FAX 03(6265)0130
http://www.animo-pub.co.jp/

 ISBN978-4-89795-275-8
印刷・製本：壮光舎印刷　Printed in Japan